Surendra Verma

IDEIAS GENIAIS
controversas

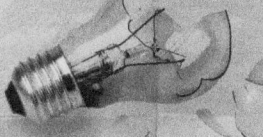

Teorias não comprovadas, mistérios, coincidências, algumas bobagens e muitas hipóteses intrigantes da (pseudo)ciência (e por que são questionáveis...)

TRADUÇÃO
Guilherme E. Meyer

Copyright © 2011 Surendra Verma
Copyright © 2011 New Holland Publishers (Australia) Pty Ltd
Copyright © 2014 Editora Gutenberg

Título original: *The Little Book of Unscientific Propositions, Theories & Things*

Todos os direitos reservados pela Editora Gutenberg. Nenhuma parte desta publicação poderá ser reproduzida, seja por meios mecânicos, eletrônicos, seja cópia xerográfica, sem autorização prévia da Editora.

GERENTE EDITORIAL
Alessandra J. Gelman Ruiz

EDITOR ASSISTENTE
Denis Araki

ASSISTENTES EDITORIAIS
Felipe Castilho
Carol Christo

PREPARAÇÃO DE TEXTO
Bete Abreu

REVISÃO
Raquel Fernandes
Eduardo Soares

CAPA
Ricardo Furtado

DIAGRAMAÇÃO
Tamara Lacerda

**Dados Internacionais de Catalogação na Publicação (CIP)
Câmara Brasileira do Livro, SP, Brasil**

Verma, Surendra

Ideias geniais controversas : Mistérios, coincidências, teorias não comprovadas, suposições, algumas bobagens e muitas hipóteses intrigantes da (pseudo)ciência -- (e por que são questionáveis...) / Surendra Verma ; [tradução Guilherme E. Meyer]. -- Belo Horizonte : Editora Gutenberg, 2014.

Título original: *The Little Book of Unscientific Propositions, Theories & Things*
ISBN 978-85-8235-140-6

1. Ciência - História - Obras de divulgação 2. Ciência - Obras de divulgação 3. Cientistas - Obras de divulgação I. Título.

14-02162 CDD-500

Índices para catálogo sistemático:
1. Ciência : Obras de divulgação 500

A **GUTENBERG** É UMA EDITORA DO **GRUPO AUTÊNTICA**

São Paulo
Av. Paulista, 2.073 . Conjunto Nacional . Horsa I
23º andar . Conj. 2310-2312 . Cerqueira César
01311-940 . São Paulo . SP
Tel.: (55 11) 3034 4468

Belo Horizonte
Rua Carlos Turner, 420
Silveira . 31140-520
Belo Horizonte . MG
Tel.: (55 31) 3465 4500

www.editoragutenberg.com.br

Introdução

"Crie a crença na teoria e os fatos se criarão por si mesmos", escreve o psicólogo americano Joseph Jastrow em seu livro *Wish and Wisdom: Episodes in the Vagaries of Belief* (1935) [Desejo e sabedoria: episódios sobre os caprichos da crença, tradução livre]. Se você acredita, por exemplo, na "teoria da terra plana", pesquise na internet e encontrará um enorme conjunto de "fatos" para sustentá-la. Você encontrará até mesmo "fatos históricos" para demonstrar que a sua teoria é crível por ter perdurado por séculos. Você também aprenderá a argumentar que as aterrissagens das missões Apollo na Lua e as fotografias da Terra esférica, tiradas do espaço, não passaram de fraudes: tudo parte de uma grande conspiração para nos manter a todos no escuro. O alerta de Mark Twain de que "uma mentira pode correr meio mundo antes que a verdade calce seus sapatos" aplica-se de forma muito adequada à internet.

Este livro não discorre sobre os caprichos da crença e as razões pelas quais acreditamos em coisas estranhas; ele descreve, em linhas gerais, cem intrigantes proposições, teorias e outras coisas que estão à margem da ciência. Nem todos os conceitos apresentados aqui podem ser considerados ideias malucas e descartáveis; alguns foram propostos por cientistas respeitados e podem, um dia, se tornar teorias científicas dominantes.

O prólogo a seguir intitulado "Separando o joio do trigo" apresenta a diferença entre os métodos de cientistas confiáveis e os de pseudocientistas excêntricos.

Boa leitura! (com um toque de ceticismo sempre...)

Sumário

Prólogo: Ciência e pseudociência – Separando o joio do trigo — 11
A origem abiogênica do petróleo – O paraíso do petróleo — 13
Abdução alienígena – Ilusão ou realidade? — 15
A chuva alienígena – Está chovendo ETs, não canivetes — 18
Os "bastonetes" alienígenas – Criaturas invisíveis captadas em vídeo — 20
Os antigos astronautas – As carruagens dos idiotas, não dos deuses — 22
O princípio antrópico – Uma tentativa científica de comprovar o divino — 24
O apocalipse – À espera de um cataclismo celeste — 26
O raio da morte de Arquimedes – Uma ardente história do passado — 28
Astrologia – Os planetas de nossas vidas — 30
O relâmpago globular – Uma bola de luz brilhante que flutua livremente — 33
O Triângulo das Bermudas – O mistério (fabricado) de um triângulo mortal — 35
O código bíblico – Decifrando as mensagens de Deus — 37
A transmutação biológica – Brincando de jogos aritméticos com números atômicos — 39
Biorritmos – Sem rima nem razão — 41
A lei de Bode – Uma lei científica ou uma coincidência extraordinária? — 43
Quiropraxia – O valor real da "descoberta" de Palmer — 46
O ceticismo climático – Mitos não podem mudar a realidade — 48
Fusão a frio – Fusão nuclear em um frasco de vidro — 51
O senso comum e a ciência – Uma relação complexa — 52
A consciência – Explicando o inexplicável? — 54
Colisões cósmicas – Planetas em colisão no limiar da ciência — 57
Os círculos em plantações – Feitos por seres humanos, alienígenas ou pela natureza? — 59
Criptozoologia – À procura dos *snarks* — 62
Cristaloterapia – Está tudo na mente — 63
O oráculo de Delfos – Inalando vapores e fazendo profecias — 65
Os dinossauros – O que será que realmente matou os nossos adoráveis lagartos saltitantes? — 67
Radiestesia – Será que funciona? — 69
A equação de Drake – Pura especulação — 71

Os campos eletromagnéticos e a saúde – A paranoia das linhas de transmissão de energia e a mania dos telefones celulares	74
Energia a partir de antimatéria – Impulsionando espaçonaves fictícias	77
A psicologia evolucionista – Será que a evolução pode explicar o pensamento e o comportamento humanos?	80
Percepção extrassensorial – A percepção inacreditável	82
O rosto sobre a superfície de Marte – Desmascarado!	84
A Terra plana – Ninguém nunca caiu de sua borda	86
Os quatro elementos – O presente de Aristóteles	88
Geocentrismo – Nem ciência, nem religião	90
Grafologia – A caligrafia como expressão da personalidade	93
A Grande Muralha da China – O mito da Lua	95
A Terra oca – Alienígenas nas profundezas	96
Homeopatia – Um avanço médico ou um grande equívoco?	98
Extraterrestres inteligentes – Por que será que eles não estão aqui?	100
O *design* inteligente – Ciência ou bobagem?	102
A prece intercessória – O poder da prece a distância	106
Os asteroides assassinos – Será que devemos perder o sono por causa de ameaças de asteroides?	108
A fotografia Kirlian – Imagens de feixes de luz, não de auras	111
O litro – Está na hora de você conhecer o *Monsieur* Litre (Sr. Litro) e a *Mademoiselle* Millie (Srta. Mili)	113
O monstro do lago Ness – Vemos o que queremos ver	115
Magnetoterapia – Atraentes pretensões, falsos benefícios	117
Vida em Marte – Marcianos espertos e cientistas ingênuos	119
O calendário maia – O término de um ciclo	122
Os memes – Evolução por imitação	124
O mesmerismo – A arte de expandir gradualmente a imaginação	126
A matéria "espelho" – Os mundos "espelhados"	128
A farsa da Lua – Quem aterrissou na Lua não foram os americanos, foram os homens-morcego	129
Os nanorrobôs – O dia dos nanorrobôs autorreplicantes	131
Experiências de quase morte – Perto da morte, não de Deus	133
O efeito placebo – Será que a crença é um dos remédios mais poderosos?	135
O efeito Nocebo – O lado mau dos placebos	137
Os raios-N – Ilusão, equívoco ou farsa?	139

Numerologia – A superstição dos números	140
O mistério de Órion – O "paraíso na Terra" egípcio	142
Experiências extracorpóreas – Além do corpo ou além da razão?	144
Quiromancia – Seu mundo futuro na palma da mão	146
Panspermia – A vida veio do espaço	147
Paradigma – Uma palavra usada de maneira excessiva e imprópria	149
Universos paralelos – Eles encontraram zilhões de cópias suas	151
As máquinas de movimento perpétuo – Funcionando eternamente sem energia	153
Frenologia – Inferindo a personalidade com base em calombos na cabeça	155
O Homem de Piltdown – Um sinônimo de "ciência barata"	157
O planeta Nibiru – Um planeta fictício para acabar com o mundo	159
O planeta X – A saga de um planeta desconhecido	161
A inversão geomagnética e o deslocamento polar – Não é o fim do mundo	163
Água polimerizada – Contaminada com sílica e tolice	165
A psicanálise – Ainda no divã do terapeuta	167
A telecinesia – A ação da mente sobre a matéria	168
O poder das pirâmides – Uma forma gratuita de afiar as suas lâminas de barbear (caso você as use)	170
A cura quântica – O aspecto não físico da terapia holística	172
O misticismo quântico – Será que a mecânica quântica pode salvar a sua alma?	174
O teste dos borrões de Rorschach – A tinta invisível e inexata	176
O sudário de Turim – Desvendando o mistério	179
A singularidade – Quando os seres humanos serão fundidos com máquinas	181
O mistério de Sírius – Os visitantes anfíbios da estrela Sírius	183
A combustão espontânea humana – Será que beber demais pode transformá-lo em um "montículo de pó cinza"?	186
A quadratura do círculo – Resolvê-la, de fato, é impossível	188
A estrela de Belém – O mistério de uma estrela sobrenatural	189
A sincronicidade – Coincidências: extraordinárias ou aleatórias?	192
Os táquions – Mais velozes que os fatos	194
O teletransporte – Teletransporte-me, Scotty!	195
O mito dos 10% do cérebro – Os recursos não utilizados do cérebro	198
Os raios da morte de Tesla – Poderosos o bastante para destruir 10 mil aeronaves	200
A reversão do tempo – Será que o tempo pode andar para trás?	203
Viagem no tempo – Viajando para trás e para a frente no tempo	205

A trepanação – Tão útil quanto um buraco na cabeça	207
A explosão de Tunguska – O enigma de uma bola de fogo	209
Óvnis – Será que existem? Faça a prova da "hipótese do Papai Noel"	212
A vitamina C – Um alívio resfriado	215
Os buracos de minhoca – Um túnel daqui à eternidade	217
O sinal "uau" – Uma chamada não atendida do ET?	219
A energia de ponto zero – Ela não pode ser controlada, nem por cientistas, nem por "curandeiros espirituais"	222
A hipótese do zoológico – O "Big Brother extraterrestre" está de olho em todos nós	223

Prólogo: Ciência e pseudociência

Separando o joio do trigo

> É fácil distinguir entre um cientista e um excêntrico: quando um cientista propõe uma hipótese, ele tenta descobrir se é ou não verdadeira; um excêntrico tenta mostrar que é verdadeira.

O método de descoberta de um cientista é uma interação contínua entre observação e hipótese: observações levam a novas hipóteses, que conduzem a novos experimentos, os quais ajudam, por sua vez, a alterar teorias existentes. Com algumas exceções, o método científico envolve a seguinte sequência:

1. Observações e coleta de dados.
2. Formulação de hipótese para explicar as observações.
3. Experimentos para testar a hipótese.
4. Formulação da teoria.
5. Confirmação experimental da teoria.
6. Confirmação matemática ou empírica da teoria e formulação da lei científica.
7. Utilização da lei científica para prever o comportamento da natureza.

A pseudociência é um conjunto de ideias e crenças que se disfarça de ciência, mas que tem pouca ou quase nenhuma relação com o método científico. As teorias da ciência real recebem contribuições e atualizações continuamente, mas as ideologias da pseudociência são imutáveis.

No livro *In the Name of Science* [Em nome da ciência, tradução livre], de 1952, republicado, em 1957, como *Fads and Fallacies in the Name of Science* [Manias e crendices em nome da ciência, Ibrasa, 1957], Martin Gardner, famoso autor de diversos livros e adversário incansável da pseudociência, falecido em 2010, deu início ao movimento cético moderno. Nesse livro, ele lista as cinco características dos pseudocientistas:

1. Consideram-se gênios.
2. Veem outros cientistas como cabeças-duras.
3. Consideram que são injustamente perseguidos e discriminados, uma vez que sociedades científicas reconhecidas se recusam a deixá-los fazer

palestras e revistas especializadas ignoram seus artigos científicos ou os repassam a "inimigos" para serem analisados.

4. Em vez de deixar a ciência dominante de lado, sentem-se compelidos a tomar como foco os grandes cientistas e as teorias firmemente estabelecidas. Por exemplo: segundo as leis da ciência, não é possível construir uma máquina de movimento perpétuo. Um pseudocientista tenta construí-la.

5. Em geral, escrevem em jargões complicados, muitas vezes usando termos e frases que eles mesmos criaram. Mesmo no que diz respeito ao formato da Terra, pode ser difícil vencer um debate contra um pseudocientista que defende que a Terra é plana.

Em poucas palavras, um pseudocientista acredita que a sua hipótese jamais pode estar errada, enquanto um cientista de verdade está sempre disposto a ouvir novas ideias, já que essas novas ideias lhe darão a oportunidade de testar sua hipótese sob circunstâncias diferentes.

Como será que uma nova teoria pode ser explicada? Algumas pessoas nos conduzirão por um labirinto de fatos, hipóteses e observações até chegar às suas teorias e, ainda assim, continuaremos indecisos. Outros irão direto ao ponto e nos levarão, de forma convincente, às suas teorias.

William de Ockham, um monge franciscano que viveu no século XIII, na Inglaterra, criou um princípio brilhante, conhecido, atualmente, como a "navalha de Ockham"; esse princípio – "é vão fazer com mais o que se pode fazer com menos" – é, ainda hoje, de vital importância para a filosofia da ciência e implica que o número de causas e explicações necessárias para se explicar o comportamento de um fenômeno deve ser o menor possível.

Trata-se de um princípio orientador no que diz respeito ao desenvolvimento de ideias científicas. Ele enfatiza o ponto de que devemos preferir a mais simples das explicações que esteja de acordo com os fatos. O princípio vem sendo interpretado, atualmente, da seguinte maneira: quando existe uma disputa entre duas teorias que fazem exatamente as mesmas predições, a mais simples é a melhor. Em outras palavras, a explicação que exige menos hipóteses tem maior chance de estar certa.

O conselho que diz "não complique o que é simples" vai na mesma direção. Tudo deve ser feito da forma mais simples possível, mas não simples demais. Tire a gordura, mas deixe substância nos ossos de sua ideia.

Se quisermos pensar como um cético, é importante ter a "navalha de Ockham" em nossa caixa de ferramentas. Ela pode nos ajudar a escolher entre diversas possibilidades. O pensamento cético nos ajuda a separar o joio (a ciência) do trigo (a pseudociência).

A ORIGEM ABIOGÊNICA DO PETRÓLEO

O paraíso do petróleo

Thomas Gold, o brilhante, mas nada ortodoxo cientista austro-americano, falecido em 2004, é lembrado por suas teorias pouco convencionais.

"As teorias de Gold são sempre originais, sempre brilhantes, quase sempre controversas – e quase sempre corretas", é o que escreve o renomado físico Freeman Dyson no prefácio do último livro de Gold, *The Deep Hot Biosphere: The Myth of Fossil Fuels* (2001) [A biosfera profunda e quente: o mito dos combustíveis fósseis, tradução livre]. Nesse livro, Gold expõe os argumentos de sua mais controversa teoria, à qual ele se refere como sua "doutrina herética"; nela, contradiz o senso comum de que o carvão mineral, o petróleo bruto e o gás natural são combustíveis fósseis, ou seja, restos fossilizados de animais e plantas que morreram há milhões de anos. Em vez disso, Gold afirma que esses recursos são constantemente produzidos nas profundezas da Terra por processos naturais e a partir de materiais iniciais que formaram o nosso planeta. Sua teoria abiogênica (de origem não biológica) da origem do petróleo garante um suprimento virtualmente inesgotável de petróleo e gás natural.

A teoria convencional, em contrapartida, sustenta que os combustíveis fósseis são resíduos de criaturas mortas que foram soterradas sob os sedimentos de mares continentais ou bacias marítimas costeiras. À medida que essa matéria orgânica, sob o acúmulo de sedimentos, afundava cada vez mais na terra, era submetida a temperaturas e pressões crescentes e passava por reações químicas que a destilavam na forma de hidrocarbonetos. Como esse processo leva milhões de anos, as reservas de combustíveis fósseis não são inesgotáveis. Gold não acredita em nada disso. Ele diz que os chamados combustíveis fósseis não foram produzidos a partir da decomposição de matéria orgânica fossilizada, mas por bactérias que estão disseminadas em áreas profundas da crosta terrestre. Essa biosfera, profunda e aquecida, cobre a crosta inteira, estendendo-se por vários quilômetros de profundidade. Diferente da vida na superfície, alimentada pelo processo de fotossíntese (processo pelo qual plantas, algas e certas bactérias convertem a luz solar em energia química), a vida subterrânea é alimentada diretamente pela energia química. Essa biosfera – uma biosfera bacteriana com massa maior do que a de qualquer forma de vida encontrada na superfície – vem se beneficiando desses recursos há bilhões de anos.

Extremófilos são bactérias que prosperam em condições nas quais outras criaturas não sobreviveriam – em fendas hidrotermais nas regiões mais profundas dos oceanos, em chaminés rochosas que crescem no assoalho oceânico, acima de fendas vulcânicas, pelas quais irrompem fluidos quentes e ricos em minerais; no interior de rochas enterradas quilômetros abaixo da superfície terrestre onde não existe oxigênio nem nutrientes orgânicos; nos mares congelados da Antártida; ou em ambientes ácidos, alcalinos ou salinos. Descobertas recentes de extremófilos vivendo em áreas muito mais profundas da crosta terrestre do que antes se imaginava possível dão sustentação à teoria de Gold.

A maioria dos geólogos rejeita suas ideias, argumentando que a presença de marcadores orgânicos no petróleo comprova a teoria convencional. A descoberta de extremófilos, por sua vez, dá sustentação à teoria de Gold ao demonstrar que a matéria orgânica encontrada no petróleo é o resultado da ação bacteriana sobre o metano abiogênico. O que promete a teoria de Gold: ouro de fato ou ouro de tolo?

Em 1960, Gold sugeriu outra ideia interessante: a de que a vida na Terra teve início quando foi infectada por microrganismos do lixo deixado por visitantes extraterrestres. Ele imaginou que visitantes interestelares haviam se esquecido de fazer a limpeza após um piquenique em nosso planeta. Será que as pilhas de lixo deixadas para trás em áreas de piquenique pelo mundo todo indicam que herdamos esse péssimo hábito dos nossos ancestrais interestelares?

ABDUÇÃO ALIENÍGENA

Ilusão ou realidade?

A mídia e a internet estão cheias de histórias de abdução alienígena. Elas são, em sua maioria, incrivelmente parecidas, e seguem um padrão consistente.

Se você for, algum dia, abduzido por alienígenas, leve em conta o seguinte:

Encontro: você estará na sua cama ou no seu carro, em geral à noite. Se estiver na cama, você acordará de repente e verá figuras não humanas atravessando as paredes do seu quarto ou então postadas ao pé da sua cama. Verá, talvez, até uma nave espacial pela janela. Se estiver no carro, verá seu veículo ser arrastado para o acostamento por um objeto brilhante. Verá seres estranhos saindo da espaçonave e vindo na sua direção.

Você não conseguirá falar ou se mover. Verá luzes piscantes e escutará zunidos.

Os alienígenas têm, em média, 1 metro e 20 centímetros de altura. Seus corpos são magros e espichados, com cabeças enormes; os olhos são enviesados e pretos, prolongando-se pelos lados da face; a pele é cinza; e não possuem cabelos ou nariz. Além disso, não falam, comunicando-se por telepatia.

Abdução: você será levado para a espaçonave. Não caminhará; flutuará nem será erguido por um feixe de luz. O interior da espaçonave se parecerá com um consultório médico de alta tecnologia, repleto de mesas nas quais outros seres humanos estarão deitados.

Exame: você será submetido a uma dolorosa avaliação médica. Os alienígenas o examinarão inserindo instrumentos em praticamente todas as partes do seu corpo. Algumas vezes, introduzirão minúsculos implantes no seu corpo, em especial no nariz. (Nenhuma pessoa foi até hoje encontrada com um desses implantes. A maioria dos abduzidos alega ter perdido o implante nasal ao espirrar).

Tour: os ETs talvez o conduzam em uma excursão pela

espaçonave ou lhe apresentem alguns artefatos extraterrestres. (Ninguém jamais retornou do seu *tour* em um disco voador trazendo consigo qualquer *souvenir* alienígena).

Retorno: tudo acabará em um curto espaço de tempo. Você se verá de volta à sua cama ou ao seu carro. Estará confuso e com medo. Talvez encontre cicatrizes "cirúrgicas" ou cortes misteriosos sem se lembrar de como os adquiriu.

O fenômeno da abdução alienígena teve início com o caso de Betty e Barney Hill. Certa vez, em 1961, Betty e seu marido Barney voltavam de férias do Canadá para sua casa em New Hampshire, tarde da noite, quando perceberam que uma luz brilhante seguia o seu carro. A luz foi se tornando cada vez mais brilhante até ficar claro que se tratava de uma nave espacial. O carro afogou e a espaçonave aterrissou perto dele. Os ETs saíram e os levaram para dentro da nave, e lá ambos foram submetidos a uma avaliação médica. Betty foi levada para uma breve excursão pela nave e, quando perguntou aos alienígenas de onde vinham, eles lhe mostraram um mapa celeste.

Quando "acordaram", os dois seguiram viagem para casa sem qualquer lembrança do incidente. Semanas depois, começaram a ter pesadelos e foram consultar um psiquiatra. Sob o efeito de hipnose, "recordaram" a abdução alienígena e os dolorosos exames médicos a que seus corpos haviam sido submetidos; Betty também desenhou o mapa celeste que lhe fora mostrado pelos extraterrestres. Alguns anos depois, um pesquisador de óvnis afirmou que o confuso mapa de Betty se parecia muito com o Zeta Reticuli, um sistema binário de estrelas encontrado na constelação Reticulum, localizada a 39 anos-luz da Terra.

A história de Betty e Barney tornou-se bastante popular quando John Fuller a contou em seu livro, *The Interrupted Journey* (1966) [*A viagem interrompida*, Record, 2010]. Mais tarde, foi adaptada para a televisão em um filme chamado *The UFO Incident* (1975) [*O caso Barney e Betty Hill*]. Tanto o livro quanto o filme deram início a um novo gênero, e as indústrias editoriais e do entretenimento continuam explorando essa mina de ouro.

Os psicólogos concordam que aqueles que alegam terem sido abduzidos não são malucos, mas têm, sim, uma tendência a fantasiar e a se apegarem a ideias e crenças incomuns. As pessoas abduzidas tendem a crer não somente nisso, mas também em coisas como óvnis e PES (Percepção Extrassensorial). Outro aspecto misterioso é que muitos abduzidos apenas se lembram de suas experiências sob efeito de hipnose.

Uma possível explicação psicológica vincula esse fenômeno à paralisia do sono, uma condição na qual a separação normal entre o sono e a vigília perde a sincronia. A paralisia do sono ocorre quando o corpo está na fase de sonhos e se desconecta do cérebro.

Há, também, outras explicações para casos como esses. Alguns psicólogos acreditam que abduções alienígenas e outras experiências psíquicas e místicas podem estar ligadas a um aumento excessivo da atividade elétrica nos lobos temporais. Esses lobos – um em cada lado do cérebro, perto das orelhas – controlam audição, linguagem e memória. Alguns sustentam que abduções alienígenas podem ser recordações – disfarçadas – de abusos sexuais.

Entretanto, você não precisa se preocupar, a não ser que more nos Estados Unidos; a maioria dos incidentes ocorre lá. Ninguém sabe por que os ETs sempre escolhem americanos.

Veja também EXPERIÊNCIAS DE QUASE MORTE (p. 133);

EXPERIÊNCIAS EXTRACORPÓREAS (p. 144).

A CHUVA ALIENÍGENA

Está chovendo ETs, não canivetes

Por meio da chuva, micróbios alienígenas estão viajando para conhecer a Terra, ou ao menos uma pequena parte dela: o estado de Kerala, no sudoeste da Índia.

Na manhã de 25 de julho de 2001, residentes de uma cidadezinha no distrito de Kottayam escutaram um violento estrondo sonoro acompanhado por relâmpagos. O que se seguiu foi um período de três horas de chuva de monção pesada. Por cerca de quinze minutos, a chuva ficou vermelho-sangue, e testemunhas alegam que caía como uma cortina escarlate. Nas ruas, muitas pessoas perceberam que suas roupas tinham ficado rosa. Alguns até notaram que a chuva tinha queimado as folhas das árvores. Tanto ali como em outras áreas ao longo da costa, súbitos tons de vermelho-sangue semelhantes continuaram ocorrendo, de forma esporádica, durante chuvas normais por cerca de dois meses.

As explicações dos especialistas locais incluíam as seguintes possibilidades: um meteorito em chamas espalhou uma poeira vermelha que, caindo, parecia chuva; uma rajada de poeira fina vinda de desertos árabes se misturou às chuvas de monção; as partículas vermelhas de chuva eram esporos fúngicos de árvores; e, por último, a chuva era uma névoa fina de células sanguíneas resultante de um choque entre um meteoro e um bando de morcegos que voavam a uma grande altitude.

A chuva vermelha teria sido esquecida se Godfrey Louis, um físico especialista no estudo dos sólidos da Universidade Mahatma Gandhi, em Kottayam, não tivesse decidido, junto com um estudante seu chamado Santhosh Kumar, investigar esse misterioso fenômeno. Fazendo uso de reportagens e outras fontes, os pesquisadores reuniram uma lista de 124 ocorrências de chuva vermelha e coletaram amostras de água vermelha de diversos locais, distantes até cem quilômetros uns dos outros.

A análise feita por eles sobre a água da chuva, publicada em 2006, mostra que as partículas têm dimensões microscópicas, coloração vermelha quase transparente e se encontram bastante dispersas na água. Claramente, essas partículas não são de areia, mas têm uma aparência semelhante à de organismos unicelulares. Uma análise química mostrou que elas contêm cerca de 50% de carbono, 45% de oxigênio e traços de ferro e sódio. Todos esses dados são condizentes com matérias biológicas. Contudo, essas células não possuem núcleo ou DNA. A vida como a conhecemos precisa conter DNA, mas alguns cientistas afirmam que isso não seria necessariamente verdade no caso de micróbios alienígenas.

Louis e Kumar concluíram que o estrondo sonoro, ouvido por diversas pessoas antes da chuva, foi provocado por um meteorito. Quando explodiu na alta atmosfera, dispersou os micróbios alienígenas nele incrustados, os quais se misturaram às nuvens e caíram como se fosse chuva. Outra análise, de 2010, mostrou um padrão fora do normal na maneira, conhecida como comportamento fluorescente, pela qual essas células mudam de cor sob a incidência de luz ultravioleta, o que, segundo eles, sugere uma procedência extraterrestre.

Nos anos 1970, o rebelde cientista britânico Fred Hoyle levou adiante a controversa tese de que blocos de vida química se encontram presentes em nuvens interestelares. Quando essas nuvens se desfazem para formar cometas, propiciam um lugar favorável ao surgimento da vida. Os micróbios se multiplicam dentro de um cometa, cujo interior é líquido e bem aquecido. O impacto de um cometa há cerca de 3,8 bilhões de anos poderia ter sido responsável pelo começo da vida na Terra (veja PANSPERMIA, p. 147).

Será que a chuva vermelha de Kerala foi um fenômeno terráqueo ou alienígena? Ainda que tenha sido terráqueo, o que o provocou? A discussão entre os cientistas continua, mas a "chuva alienígena" já foi acolhida em milhares de blogs e websites alternativos. Fãs de *Arquivo X* não gostam de esperar por vereditos científicos.

Os "bastonetes" alienígenas

Criaturas invisíveis captadas em vídeo

Os "bastonetes" alienígenas foram "descobertos" pela primeira vez em 1994, quando José Escamilla, um americano fã de óvnis, estava filmando alguns desses objetos que teriam aparecido em plena luz do dia nas proximidades de Roswell, localidade do Novo México famosa pela constante aparição de óvnis (veja ÓVNIS, p. 212).

Quando estava revendo a gravação, ele percebeu alguns rastros na tela. Primeiro, achou que eram causados por insetos ou pássaros voando próximos à câmera. Quando reviu a gravação quadro a quadro, ele se deu conta de que os rastros não eram de pássaros ou insetos, mas de alguma outra coisa. Sua esposa os batizou de "bastonetes", pois se pareciam com micróbios que havia visto sob um microscópio.

Escamilla rejeitou a explicação de que se tratava de uma anomalia óptica e concluiu que os "bastonetes" eram organismos vivos, provavelmente de origem extraterrestre. Ele continuou estudando as misteriosas criaturas e foi a diversos programas locais de rádio e televisão para divulgar a "descoberta". Os adeptos dos óvnis e da CRIPTOZOOLOGIA (veja p. 62) ficaram fascinados com a ideia e os "bastonetes" rapidamente ganharam espaço nas suas publicações sobre fenômenos extraterrestres e inexplicáveis.

Quase invariavelmente, os "bastonetes" aparecem apenas em fotografias, filmes e vídeos, embora Escamilla alegue que podem ser vistos a olho nu, e especule que podem ter qualquer coisa entre alguns centímetros e trinta metros ou mais de comprimento. Ele afirma, ainda, ter filmado diversos tipos diferentes de "bastonetes": os "quilópodes", que têm apêndices ao longo do torso; os "bastonetes brancos", de aparência semelhante a tiras; e os "dardos" ultrafinos, que se movem com muita rapidez.

Bob DuHamel, um astrônomo amador americano que estudou a fundo os "bastonetes", chegou à conclusão de que a coisa toda não passa de uma "deslavada mistificação". Ele explica os "bastonetes" como efeitos que se incorporam às fotografias em virtude da natureza das lentes, do filme (ou, no caso das câmaras digitais, dos dispositivos de carga acoplada) e dos obturadores. Um dos efeitos mais comuns é o chamado, em inglês, de *lens flare*, manchas de luz sobrepostas na fotografia pelos reflexos de objetos brilhantes sobre as várias superfícies de uma lente composta. "Pessoas inexperientes ou talvez ingênuas acham, com frequência, que se trata de óvnis ou até mesmo de anjos", afirma ele. Outro efeito é o que se dá quando um objeto com velocidade angular muito alta aparece como um rastro. "Toda vez que um rastro indefinido aparece em uma fotografia, a maioria de nós o verá como o rastro de um objeto que se move muito rapidamente; José Escamilla, por sua vez, o vê como o rastro de uma forma de vida não identificada", explica.

A explicação de DuHamel não tem convencido os adeptos da tese dos "bastonetes". Escamilla continua sustentando a tese dos "bastonetes" em seu site (www.roswellrods.com), e DuHamel, por sua vez, lançou um desafio no seu site (www.amsky.com) para que apresentem "a prova de que os 'bastonetes' não são efeitos do processo fotográfico (a prova apresentada deve ser capaz de resistir à análise da comunidade científica legítima)".

Benjamin Radford, da revista americana *Skeptical Inquirer* [O inquiridor cético, tradução livre] dá a última palavra: "Em suma, os 'bastonetes' estão para a criptozoologia como os orbes estão para os fantasmas".

Os ANTIGOS ASTRONAUTAS

As carruagens dos idiotas, não dos deuses

Os cientistas continuam discutindo a possibilidade da existência de vida microbiana em outros planetas, isso para não falar da questão da existência de vida inteligente; mas, em 1968, Erich von Däniken, um comedido hoteleiro suíço sem qualquer preparo científico, publicou um livro no qual alega que o nosso planeta foi visitado por extraterrestres inteligentes em períodos pré-históricos.

Publicado em inglês, no ano de 1969, o livro *Chariots of the Gods* [*Carruagens dos deuses*, Ideia Editora, 2013], virou um *best-seller* e inspirou toda uma indústria, composta de inúmeros outros livros, documentários e filmes, dedicada a esses "antigos astronautas".

O assunto ainda não se esgotou. O livro continua sendo publicado e existem milhares de websites dedicados às suas surpreendentes, porém pouco investigadas, ideias.

Com o zelo de um entusiasta por óvnis, von Däniken declarou que somos descendentes de astronautas extraterrestres que vieram à Terra há cerca de 10 mil anos; nossos deuses são, simplesmente, astronautas que nos visitaram no passado. Segundo ele, a mitologia de várias culturas, repletas de histórias sobre divindades descendo dos céus em carruagens flamejantes, comprova essa afirmação.

Ele argumentou que "mistérios insolúveis" do passado, como o emprego de pedras colossais na construção das pirâmides e dos moais da Ilha de Páscoa, poderiam ser explicados tendo em vista técnicas e conhecimentos transmitidos aos nossos antepassados por visitantes extraterrestres. Além disso, sugeriu que os geoglifos, ancestrais de triângulos, retângulos e trapézios, aranhas gigantes, macacos, pássaros, peixes e répteis, dispostos com igual precisão ao longo de cinquenta quilômetros no planalto de Nazca, no Peru, eram pistas de aterrissagem para os "antigos astronautas". É verdade que algumas dessas figuras são tão grandes que só podiam ser reconhecidas do céu, mas existe uma explicação razoável para isso: elas provavelmente foram desenhadas pelos sacerdotes astrônomos de Nazca para indicar a passagem das estações.

Alguns arqueólogos têm questionado tanto as técnicas de pesquisa quanto a argumentação de von Däniken. Embora o passado esteja cheio de mistérios não solucionados, eles afirmam que von Däniken, com suas especulações vagas e baseadas em fragmentos de "fatos" arqueológicos, não tem sido capaz de apresentar um argumento lógico e convincente.

O PRINCÍPIO ANTRÓPICO

Uma tentativa científica de comprovar o divino

Não há nada de especial nas condições de existência sobre este planeta. Não há nenhuma razão pela qual as coisas deveriam ser diferentes em qualquer outro lugar do universo.

Em outras palavras, é pouco provável que a nossa localização seja única, ou, explicando de maneira mais objetiva: não há nada de especial no local ou na época em que nos situamos. Isso é conhecido como "princípio copernicano", homenagem a Copérnico que, em 1543, rebaixou a Terra a uma posição comum e nada privilegiada no cosmo.

O princípio antrópico (do grego *anthropos*, "seres humanos"), em contrapartida, defende que os seres humanos ocupam um lugar privilegiado no universo. As leis fundamentais da física que governam o universo não são resultado do acaso, mas são, de alguma forma, perfeitamente ajustadas para permitir a existência de vida inteligente. Se, por exemplo, a força da gravidade fosse ligeiramente diferente do que é hoje, não haveria estrelas gêmeas solares em lugar algum.

Em poucas palavras, vivemos em um "universo Cachinhos Dourados" ("Hum, este mingau está simplesmente perfeito") porque o universo proporciona as condições "simplesmente perfeitas" para a existência da vida. O universo tem de ser do jeito que é.

O conceito de "princípio antrópico" foi proposto, em 1973, por Brandon Carter, cosmólogo britânico, em um simpósio que comemorava o aniversário de 500 anos de Copérnico. Carter propôs duas versões desse princípio: (1) o princípio antrópico fraco: as condições do universo são compatíveis com a nossa existência; e (2) o princípio antrópico forte: o universo deve possuir aquelas propriedades que, em algum momento, permitiriam a existência de formas de vida inteligente. Outros cientistas sugeriram que o princípio forte poderia ter implicações diferentes, entre elas a ideia de que o universo foi "projetado" com o intuito de acomodar os seres humanos. Isso foi interpretado por alguns como evidência da existência de um criador.

Entretanto, muitos cosmólogos descartam o princípio antrópico, considerando-o nada científico porque não faz previsões passíveis de testes. Os cosmólogos britânicos Stephen Hawking (autor de *Uma breve história do tempo*, Rocco, 1988) e Leonard Mlodinow escrevem no livro *The Grand Design* (2010) [*O grande projeto*, Nova Fronteira, 2011]: "A ideia de que o universo foi projetado para acomodar a humanidade está presente em teologias e mitologias que remontam a milhares de anos atrás... Não é essa a resposta da ciência moderna. Como sugerem recentes avanços da cosmologia, as leis da gravidade e da teoria quântica permitem que universos surjam, simultaneamente, do nada. A criação espontânea é a razão pela qual existe algo em vez de nada, pela qual o universo existe, pela qual nós existimos. Não é preciso invocar Deus para acender o pavio e dar início ao universo".

Hawking e Mlodinow também dizem que o nosso universo parece ser apenas um dentre muitos, cada qual com diferentes leis. "A ideia de multiverso é uma consequência prevista por muitas teorias da cosmologia moderna. Se verdadeira, reduz o princípio antrópico forte ao fraco, colocando os ajustes perfeitos das leis da física em pé de igualdade com os fatores ambientais." Isso leva a apenas uma conclusão: o universo é só um entre vários. Não é feito sob medida para nós.

Veja também UNIVERSOS PARALELOS, p. 151

O APOCALIPSE

À espera de um cataclismo celeste

O planeta Terra vem sobrevivendo há, mais ou menos, 4.600 milhões de anos; nenhum cataclismo celeste foi capaz de reduzi-lo à poeira cósmica.

De modo semelhante, a vida neste frágil planeta livrou-se diversas vezes, ao longo de 3.500 milhões de anos, da extinção completa, mesmo quando bombardeada por cometas e asteroides mortais vindos do céu e megaterremotos e supervulcões oriundos das profundezas da Terra. Por quase dois milhões de anos, os seres humanos sobreviveram a eras glaciais e a outras catástrofes naturais. É verdade que as civilizações existem graças à tolerância geológica, e quando a natureza retira, de repente, esse consentimento, terremotos estrondosos e vulcões fumegantes devastam imensas áreas de civilização humana – mas não a humanidade. Nossa fascinação por profecias sobre o fim do mundo (ou, ao menos, o mundo sem seres humanos), entretanto, é interminável.

Esperar pelo apocalipse parece ser uma preocupação estranha.

Não é. A palavra apocalipse vem de uma palavra grega que significa descobrir ou revelar. Na Bíblia, refere-se ao Apocalipse de João, o último livro do Novo Testamento. O Apocalipse seria a batalha final entre o bem e o mal. Essa batalha, prevista para ser travada em um lugar chamado Armagedon, colocaria fim à história da Terra. Muitos teólogos acreditam que o propósito do Apocalipse não seria assustar as pessoas, mas sim encorajá-las e conduzi-las por períodos difíceis.

O Alcorão também fala sobre o Dia do Julgamento: no Último Dia, quando o Sol nascer no Ocidente e a Terra for abalada em seus últimos tremores, a humanidade comparecerá em bandos dispersos para ver suas obras; quem tiver feito um bem, ainda que tenha o peso de um átomo, irá vê-lo, e quem tiver feito um mal, ainda que tenha o peso de um átomo, irá vê-lo também.

O Último Dia pode chegar a qualquer momento.

O conceito do fim dos tempos também aparece no Judaísmo, mas não no Hinduísmo ou no Budismo. Para essas religiões, o tempo é considerado cíclico, não linear. Seus seguidores acreditam na doutrina cosmológica da criação e destruição repetidas do universo. As escrituras hindus, contudo, descrevem quatro ciclos de eras, chamados de *yugas*. Ao fim do quarto e atual ciclo, o *kali yuga* ("a idade do vício"), o mundo há de ser destruído por um incêndio cósmico. Quando? Depende de quem interpreta (ou interpreta mal) os textos: poderíamos ter sido vítimas do demônio Kali em 2012 (no dia 21 de dezembro, dia em que ocorreriam eventos cataclísmicos segundo o CALENDÁRIO MAIA, veja p. 122) ou talvez tenhamos outros 427 mil anos para viver.

Atualmente, a palavra apocalipse significa "destruição em escala catastrófica", e Armagedon é sinônimo de "fim do mundo".

É inevitável que a história do mundo chegue, um dia, ao seu final. Esse dia pode ser daqui a bilhões de anos ou amanhã. Agora, quando a fé, a ciência, os acontecimentos atuais e a fragilidade humana que nos faz buscar afirmação naquilo em que acreditamos e temos entram em convergência parece ser o momento para se criar um clima ideal de sedução e fascinação favorável à ideia de apocalipse.

Se você é demasiadamente crédulo, talvez não distinga nunca as boas das más ideias, e acabe se preocupando, o tempo todo, com o apocalipse.

Veja também OS ASTEROIDES ASSASSINOS, p. 108;
O PLANETA NIBIRU, p. 159;
A INVERSÃO GEOMAGNÉTICA E O DESLOCAMENTO POLAR, p. 163

O RAIO DA MORTE DE ARQUIMEDES

Uma ardente história do passado

Quando o general romano Cláudio Marcelo cercou Siracusa, em 214 a.C., o rei Hierão, de Siracusa, convenceu Arquimedes, seu amigo e parente, a preparar vários tipos de máquinas engenhosas, ofensivas e defensivas, para serem usadas no cerco à cidade.

Quando viram catapultas enormes, âncoras de ferro e guindastes gigantescos, os romanos entraram em pânico. Vendo a destruição causada por um único homem, Marcelo disse: "Paremos de lutar contra esse Briareu geométrico, que supera os monstros centímanos da mitologia" (Briareu era um dos três hecatônquiros, também conhecidos como centímanos, que eram gigantes de cem braços da mitologia grega). Em 212 a.C., contudo, o exército romano conquistou a cidade.

Duzentos anos depois, o historiador grego Diodoro da Sicília escreveu: "Quando Marcelo moveu as embarcações para fora do alcance das flechas, o velho [Arquimedes; ele tinha, então, 74 anos de idade], por sua vez, desenvolveu um espelho hexagonal e, a uma distância apropriada, posicionou pequenos espelhos quadrangulares do mesmo tipo, os quais podiam ser ajustados por meio de placas metálicas e pequenas dobradiças. Ele posicionou esse dispositivo de forma que recebesse em cheio, ao meio-dia, os raios do sol, tanto no verão quanto no inverno; eventualmente, devido à reflexão dos raios do sol nesse dispositivo, um calor ardente e assustador incendiou as embarcações que, mesmo fora do alcance das flechas, foram reduzidas à cinza. Dessa forma, o velho, por meio de suas invenções, derrotou Marcelo" (*Loeb Classical Library*, Harvard University Press, 1980).

O relato de Siculus é, provavelmente, a fonte da duradoura lenda segundo a qual Arquimedes usou espelhos para focalizar os raios do sol e incendiar as embarcações romanas que cercavam sua cidade natal.

A primeira tentativa de comprovar a lenda foi feita em

1747 por Georges Louis LeClerc de Buffon, famoso naturalista francês. Ele conduziu elaborados experimentos com 168 espelhos, cada um com tamanho próximo ao de uma folha de papel A4, e conseguiu queimar um pedaço de madeira a uma distância de cinquenta metros.

Passaram-se séculos até que uma nova tentativa de comprovar ou refutar Arquimedes foi feita. Em 1973, Ionnis Sakkas, um engenheiro grego, concluiu que o "espelho ardente" da lenda não era um espelho convexo grande, pois tal tecnologia não estava disponível no tempo de Arquimedes. Para ele, os espelhos, provavelmente, eram objetos de metal muitíssimo polido – muito provavelmente, escudos dos soldados romanos. Ele encomendou dúzias de espelhos planos cobertos com uma folha fina e refletora de cobre polido. Cada um deles tinha, aproximadamente, o tamanho de um escudo grande e retangular de um solado romano, mas podia ser facilmente manejado por uma pessoa. Ele alinhou, então, 70 pessoas em um píer e os orientou a focalizar os espelhos na direção de um barco localizado a cerca de dezoito metros de distância. Em questão de segundos, o barco começou a fumegar e, logo em seguida, foi envolvido em chamas.

Dois experimentos conduzidos em 2004 e 2006 pelo programa *Mythbusters* [*Os caçadores de mitos*], do Discovery Channel, fracassaram na tentativa de incendiar um barco de mentira. "Mito detonado", segundo o programa. Eles sugerem que flechas flamejantes e bolas de fogo são muito mais fáceis de ser criadas e que Arquimedes, provavelmente, usou dispositivos como esses, e não espelhos.

Será que devemos descartar a história do raio da morte de Arquimedes, considerando-a apenas um mito? Afinal de contas, nem todas as histórias antigas podem ser tomadas ao pé da letra.

Veja também OS RAIOS DA MORTE DE TESLA, p. 200; A QUADRATURA DO CÍRCULO, p. 188.

ASTROLOGIA

Os planetas de nossas vidas

Antigamente, o céu era cheio de presságios. Um cometa ou uma conjunção de planetas causava terror nas pessoas comuns.

A percepção da influência dos planetas sobre a vida dos seres humanos podia levar imperadores e generais poderosos a olhar para o céu em busca de orientação. Desde que a gravidade de Isaac Newton impôs ordem às perambulações dos planetas e de outros corpos celestes, a astrologia tornou-se insignificante do ponto de vista intelectual. Ainda assim, não perdeu sua capacidade encantadora de nos fascinar.

Embora a astrologia e a astronomia tenham tido uma ligação estelar no passado, a astrologia não é uma ciência. Os astrólogos, evidentemente, discordam e, além disso, atribuem à astronomia um *status* mais baixo: o de produto da astrologia.

A astronomia fez, nos últimos séculos, um progresso significativo, enquanto a astrologia pouco mudou. Diga isso aos astrólogos e eles traçarão o horóscopo da sua "ciência":

a astrologia é a verdade e a verdade nunca muda. Contudo, sabemos hoje, que algumas "verdades" ancestrais não são eternas. Quando os astrólogos, por exemplo, dizem que o Sol está em Áries entre 21 de março e 21 de abril, querem dizer que o Sol, quando visto da Terra, ocupa a mesma parte do céu que a constelação de Áries. Eles ignoram o fenômeno astronômico da precessão: o movimento de rotação da Terra, lento e cônico, que faz com que ela gire em torno do seu eixo em um ciclo de 25.800 anos. A precessão, ao longo dos séculos, faz com que a posição da Terra mude em relação às constelações do zodíaco. O Sol não está mais na constelação de Áries; está na constelação de Peixes.

Nossos antepassados acreditavam que a Terra era o centro do universo, fixo e imóvel. Em geral, eles viam os planetas se movendo, em relação às estrelas fixas, de oeste para leste. Entretanto, de tempos em tempos, um planeta diminui de velocidade, para e depois muda de direção (retrógrado). Eles explicavam esse enigmático movimento dizendo que os deuses estavam contrariados e que o planeta, portanto, estava "amaldiçoado". De que forma as posições dos planetas, "amaldiçoados" ou não, poderiam influenciar as nossas vidas?

Quase cinco séculos se passaram desde que Nicolau Copérnico destronou a Terra e a pôs em movimento. Atualmente, astrônomos têm descoberto centenas de planetas além do Sistema Solar. Em comparação, os planetas da astrologia são de fato desprezíveis, e sua influência na Terra, insignificante.

Os cientistas falam de quatro forças que influenciam tudo no universo. A gravidade é a força de longo alcance: ela segura as cadeiras no chão e os planetas nas suas órbitas. A força eletromagnética é a atração e a repulsão entre partículas carregadas: ela permite que lâmpadas acendam e que elevadores subam. A força forte mantém o núcleo atômico unido; ela mantém os prótons e os nêutrons juntos em um núcleo atômico. A força fraca também é um tipo de força nuclear: ela faz com que partículas elementares sejam jogadas para fora do núcleo atômico durante o decaimento nuclear de elementos radioativos, como o urânio. A intensidade dessas forças varia muito. A força forte é um sextilhão de vezes (numeral 1 seguido de 36 zeros) mais intensa do que a gravidade, tornando a gravidade a mais fraca das forças. O alcance da força forte, porém, é restrito ao núcleo atômico.

A gravidade nos influencia, mas o puxão de planetas distantes em você é mais fraco do que a atração gravitacional desse livro. Certa vez, o astrônomo americano Carl Sagan ressaltou que a atração gravitacional da parteira influenciaria muito mais o nascimento de uma criança do que a atração de um planeta.

Será que a astrologia funciona? Muitos estudos importantes tentam responder essa questão, mas nenhum conseguiu encontrar qualquer prova de que o signo astrológico sob o qual nascemos influencia a pessoa que nos tornamos. O teste astrológico mais abrangente já realizado – uma análise estatística dos aniversários de mais de vinte milhões de pessoas casadas da Inglaterra e do País de Gales – mostra que seus signos astrológicos não têm qualquer impacto sobre a probabilidade de eles se casarem ou se manterem casados com pessoas de qualquer outro signo. Buscar no Google "amor signo astrologia" produzirá centenas de milhares de resultados, mas nenhum deles nos tornará mais sábio para escolher um(a) companheiro(a) de vida.

Muitos estudos, entretanto, demonstram que pessoas que nascem em determinadas épocas do ano têm um risco significativamente maior, ainda que pequeno, de desenvolver doenças como depressão, esquizofrenia e anorexia nervosa. Pessoas nascidas no final do inverno e no começo da primavera, no hemisfério norte, têm chance um pouco maior de desenvolver esquizofrenia do que aquelas nascidas em outras épocas do ano. De modo semelhante, nascimentos ocorridos no hemisfério norte durante o outono são associados a um aumento na probabilidade de sofrer ataques de pânico. Esses são estudos médicos que tentam descobrir de que maneira as estações afetam a saúde mental; de forma alguma servem de suporte para a astrologia.

Como ciência, a astrologia é uma bobagem; como entretenimento, é inofensiva; o mesmo pode-se dizer da NUMEROLOGIA (p. 140).

O RELÂMPAGO GLOBULAR

Uma bola de luz brilhante que flutua livremente

O relâmpago globular é um dos fenômenos mais raros da natureza, existindo poucas fotografias que o documentem. É também um dos menos compreendidos.

O relâmpago globular atrai a atenção de cientistas há dois séculos, mas continua sendo um enigma – considerado por muitos como um mito ou uma ilusão de óptica. Aqui estão três relatos de testemunhas oculares que alegam ter visto um relâmpago globular.

Um dos relatos descreve um relâmpago globular que entrou, pela janela aberta, na despensa de uma casa em Johanesburgo. "Ele fez uma curva e entrou na cozinha, depois disparou, fez outra curva e entrou no vestíbulo, acertando o balde de alumínio que emitiu um tinido. Quando corremos para conferir, o balde, como era de se esperar, estava quente demais para ser pego e sua tinta havia empolado."

Segundo outro relato, um relâmpago globular branco-acinzentado de mais ou menos 80 centímetros de diâmetro e com um brilho equivalente ao de uma lâmpada incandescente de 200 watts teria rebatido na cabeça de uma professora russa que estava com seus amigos: "Ele apareceu do nada. Ficamos assustados, nos agachamos e juntamos nossas cabeças, formando um círculo. De repente, começou a se mover sobre nós em um círculo, e também para cima e para baixo. Depois, 'escolheu' a minha cabeça e começou a pular sobre ela, para cima e para baixo, como se fosse uma bola. Deu mais de vinte pulos. Era macio como uma bolha."

Um relato incomum é o do respeitado cientista britânico R.C. Jennison, especialista em radioastronomia, que se deparou com um relâmpago globular a bordo de uma aeronave, em 1963. Ele o descreveu como uma esfera azul-esbranquiçada brilhante, de pouco mais de 20 centímetros de diâmetro, que emergiu da cabine do piloto e passou pelo corredor a uma pequena distância dele, mantendo a mesma altura e rota ao longo de todo o percurso. Em seguida, atravessou a parede de metal da aeronave.

Com base nesses relatos, alguns cientistas traçaram uma imagem desse fenômeno bizarro, que é sempre observado durante condições tempestuosas. Um relâmpago globular é visto, em geral, como uma esfera luminosa que flutua livremente e brilha de alguns segundos até alguns minutos, antes de explodir com um forte estrondo ou se apagar silenciosamente. Pode ter quase qualquer cor, às vezes até mesmo uma combinação de cores, mas verde e violeta são raros. Seu tamanho varia de uma pequena bola até um enorme globo de vários metros de diâmetro. Pode, de repente, surgir no ar, ou até mesmo em buracos no solo, encanamentos ou valetas. Em geral, se movimenta horizontalmente pelo ar, a cerca de um metro acima do solo, mas pode escalar postes de luz e então disparar ao longo de cabos elétricos ou telefônicos. Pode até "mergulhar" dentro de chaminés e se espremer por lugares muito menores do que ele, mas jamais altera o seu tamanho. Ao toque, parece ligeiramente frio, mas é capaz de destruir equipamentos elétricos, derreter vidro, causar incêndios, chamuscar madeira ou queimar pessoas e animais. Às vezes, um chiado ou estalido pode ser escutado. Pode deixar para trás um cheiro forte e repugnante, parecido com o de ozônio.

O relâmpago globular é, desde o início do século XIX, tema de pesquisa científica séria, mas nenhuma teoria consensual emergiu para explicar a sua causa, ou mesmo do que, exatamente, se trata. Uma teoria popular afirma que um relâmpago globular é uma esfera de plasma, ou um gás quente formado por elétrons e íons positivamente carregados. Outra teoria diz que, quando um relâmpago atinge o solo, transforma a sílica do solo em vapor de silício puro. À medida que o vapor quente esfria, o silício se condensa na forma de uma bola flutuante de silício em estado aerossol que é mantida unida por cargas elétricas. A energia química armazenada no silício é liberada lentamente na forma de calor e luz. Devido ao fato de que a bola se tornaria visível apenas na parte final da sua existência, ela daria a impressão, após a queda de um relâmpago, de se materializar a partir do nada.

Tão simples, mas tão impressionante! Infelizmente, a maioria de nós jamais o verá (cerca de 1% da população verá um relâmpago globular durante a vida). Alguns cientistas afirmam que o relâmpago globular nem sequer existe. Eles alegam que não há fotografia confiável de um relâmpago globular que não possa ser explicada de outra maneira. Eles também assinalam que todas as formas de descarga elétrica podem ser reproduzidas em laboratório, mas não o relâmpago globular.

O Triângulo das Bermudas

O mistério (fabricado) de um triângulo mortal

O Triângulo das Bermudas é uma área marítima extremamente movimentada que está localizada entre as Bahamas, as Bermudas e a costa leste dos Estados Unidos.

Em 1974, Charles Berlitz, neto do fundador da escola de idiomas, fez uma afirmação sensacional em seu livro, *The Bermuda Triangle* [*O Triângulo das Bermudas*, Nova Fronteira, 1974]: a de que diversos navios e aviões haviam desaparecido sob circunstâncias misteriosas e inexplicáveis enquanto cruzavam o Triângulo. O livro – chamado pela revista *Time* de "uma mistura de meias-verdades, relatórios sem evidência e ciência sem substância" – chegou imediatamente à lista dos mais vendidos.

Berlitz listou várias explicações criativas para o desaparecimento repentino de navios e aviões: eles haviam sido sequestrados por óvnis ou sugados por "vórtices magnéticos" criados por fontes de energia produzidas há muito tempo por uma antiga civilização do continente perdido de Atlântida. Três anos depois, em seu novo livro, *Without a Trace* [*Sem deixar vestígios*, Nova Fronteira, 1978], Berlitz inventou uma explicação muito mais especulativa: ele havia encontrado uma grande pirâmide no triângulo mortal, que, de alguma forma, era responsável por todos os desaparecimentos.

A verdade sobre essa história é simplesmente banal. Não há anomalias geológicas naquela parte do oceano. Em 1975, os relatórios sobre o transporte marítimo da Lloyd's of London, uma companhia britânica de seguros, mostraram que 428 navios tinham sido declarados desaparecidos ao redor do mundo desde 1955, mas não havia evidências para sustentar as afirmações de que o Triângulo das

Bermudas era palco de mais desaparecimentos do que outros locais. O punhado de desaparecimentos de navios no Triângulo podia ser explicado, simplesmente, pelas condições tempestuosas sobre as águas quentes daquela área. Além disso, o Triângulo é uma das duas áreas em que a bússola aponta para o norte verdadeiro, o que pode confundir alguns navegadores.

O outrora famoso mistério do Triângulo das Bermudas não passou de um modismo passageiro, mas muitas pessoas ainda acreditam nele devido à razão "lógica" de terem ouvido tanto a seu respeito; ele deve conter, portanto, alguma verdade. Alguns o descrevem, inclusive, como um mistério fabricado – uma farsa – e as farsas são construídas com base em nossa ingenuidade.

O CÓDIGO BÍBLICO

Decifrando as mensagens de Deus

Por quase 3 mil anos, um código permaneceu escondido na *Torá* – os cinco primeiros livros da Bíblia judaica, que, de certa forma, correspondem ao Antigo Testamento cristão. Agora, ele foi decifrado por um computador.

O código prevê eventos – tais como a Segunda Guerra Mundial, o Holocausto, a explosão atômica em Hiroshima e a aterrissagem na Lua – que aconteceram milhares de anos após a *Bíblia* ter sido escrita. Essa afirmação extraordinária foi feita no livro *O código da Bíblia*, do jornalista americano Michael Drosnin, publicado em 1997. Desde então, ele tem sido um grande sucesso, dando início a toda uma indústria sobre o "código da *Bíblia*", composta de livros, documentários de televisão, websites e pelo menos um filme.

O código foi decifrado, segundo o livro, por Eliyahu Rips, um matemático israelense. A *Torá* inteira é composta, mais ou menos, de 300.805 caracteres hebraicos. O código é desvendado por meio da busca de sequências equidistantes de letras. Por exemplo: escolha uma letra qualquer do texto e um número arbitrário, digamos, 5. Agora, percorra o texto, pulando de 5 em 5 letras e registrando as letras assim encontradas. Imprima essa série de letras na forma de um bloco de caracteres (o qual se assemelhará a uma versão ampliada dos populares caça-palavras). A grade, então, poderá ser examinada da esquerda para a direita, da direita para a esquerda, de cima para baixo e diagonalmente em qualquer direção em busca de qualquer padrão interessante de letras. Como exemplo, o livro de Drosnin mostra que o nome de Yitzhak Rabin, primeiro ministro israelense assassinado em 1995, se encontrava muito próximo das palavras "assassino que irá assassinar".

Após a publicação do livro, surgiram muitas afirmações de que essas "mensagens" da *Bíblia* judaica não eram coincidências, mas haviam sido colocadas ali, deliberadamente, por Deus.

Alguns matemáticos têm descrito o código da *Bíblia* como uma "asneira numerológica". Segundo eles, a distribuição de letras ao acaso em um texto de extensão considerável pode gerar padrões enganosos, e mensagens "codificadas" podem ser encontradas em outros livros além da *Bíblia*. Para comprovar esse ponto de vista, o matemático australiano Brendan McKay analisou uma tradução hebraica de *Guerra e Paz*, obra de Liev Tolstói, e encontrou, entre outras coisas, 59 palavras relacionadas ao festival judaico *Chanuca* (*Hanukkah*). Sua análise do texto de *Moby Dick* revelou "previsões" do assassinato de nove líderes, entre eles Martin Luther King, John F. Kennedy e Indira Gandhi.

O texto, a propósito, também previu a morte da princesa Diana. McKey assinalou que o hebraico da *Torá* não contém quaisquer vogais, ao passo que o inglês, com vogais, fez com que sua tarefa, em *Moby Dick*, se tornasse muito mais difícil. Ele garantiu que nenhum desses padrões foi resultado de qualquer coisa além do mais puro acaso.

A ironia das "previsões" do código da *Bíblia* é que elas são, na realidade, "pós-fecias", ou seja, feitas após o evento ter ocorrido, e não antes. O físico dinamarquês Niels Bohr, conhecido dos estudantes por seu modelo atômico, disse, certa vez, que a previsão é algo muito difícil, especialmente quando se trata do futuro.

A TRANSMUTAÇÃO BIOLÓGICA

Brincando de jogos aritméticos com números atômicos

Durante a juventude, Louis Kervran (1901-1983), um químico francês, leu o romance satírico de Gustave Flaubert sobre a estupidez burguesa, *Bouvard e Pécuchet* (1881). Ele ficou obcecado com uma referência sobre a formação de cálcio em cascas de ovos.

Ele localizou o trabalho de Louis Nicolas Vauquelin (o químico francês famoso por ter descoberto o berílio, em 1797), no qual ele havia se perguntado de que forma as galinhas podiam ter cálcio o suficiente nas cascas de seus ovos se a sua dieta era limitada à aveia, que era rica em potássio, mas quase não possuía cálcio. Vauquelin não fornecia resposta alguma.

Anos depois, Kervran percebeu, de repente, que era possível se chegar ao cálcio (número atômico 20) a partir do potássio (número atômico 19), quando ele se combina ao hidrogênio (número atômico 1). Entretanto, a transmutação de elementos não segue uma aritmética tão simples assim.

Durante a época medieval, os alquimistas sonhavam com a transmutação de metais comuns baratos, tais como o chumbo, em ouro brilhante e valioso. Foi o físico nuclear ítalo-americano, Enrico Fermi, quem preparou o terreno para a transmutação de elementos quando, em 1993, demonstrou que os núcleos da maioria dos elementos absorveria um nêutron, transformando o átomo em um novo elemento. Na maioria dos casos, esse novo elemento seria instável e se degradaria, formando um elemento diferente. Ocorreu a Fermi que deveria ser possível preparar novos elementos bombardeando núcleos de urânio com nêutrons livres (o urânio, número atômico 92, é o elemento mais pesado da natureza que se tem conhecimento). Em 1934, ele testou o experimento, mas não obteve sucesso. Em 1940, os físicos americanos Glenn T. Seaborg e Edwin McMillan produziram o primeiro elemento artificial: o neptúnio, de número atômico 93.

O sonho da transmutação dos alquimistas, então, havia

se tornado realidade, mas o processo não ocorre em frascos de alquimistas. Ocorre em reatores e bombas nucleares (nas quais um átomo pesado se divide em dois ou mais átomos mais leves) ou em estrelas (nas quais átomos mais leves se juntam para formar átomos novos e mais pesados) e é acompanhado pela liberação de tremendas quantidades de energia.

Kervran ignorou toda essa química e, em 1966, publicou um livro sobre a transmutação biológica (o qual foi traduzido para o inglês, em 1972, como *Biological Transmutations and Their Applications in: Chemistry, Physics, Biology, Ecology, Medicine, Nutrition, Agronomy, Geology*) [Transmutações biológicas e suas aplicações na: Química, Física, Biologia, Ecologia, Medicina, Nutrição, Agronomia, Geologia, tradução livre]. Nesse livro, ele observa: "Para obter sucesso transmutando elementos biologicamente é necessário abandonar certos conceitos das chamadas 'ciências exatas', que são exatas apenas para casos simples e isolados, estranhos à biologia" (tradução livre).

Em sua teoria sobre cascas de ovos de galinha, Kervran ignorou as vastas quantidades de energia que a fusão do potássio com o hidrogênio liberaria. Ele racionalizou sua teoria dizendo simplesmente que essa fusão acontecia à baixa energia. Em outro livro, publicado em 1969, ele direcionou seu foco para a fusão a frio em mariscos: "Um lagostim foi colocado em uma bacia com água do mar da qual o carbonato de cálcio havia sido removido por meio da precipitação; mesmo assim, o animal produziu sua carapaça" (tradução livre).

Em virtude da sua descoberta sobre coisas incríveis presentes em criaturas vivas e da sua conclusão de que o cálcio das cascas de ovos de galinhas é criado por meio de um processo de fusão a frio, Kervran recebeu o prêmio IgNobel de física de 1993. O IgNobel, uma versão satírica do prêmio tradicional, é apresentado pela Pesquisa Improvável, uma organização americana que também publica a revista *Anais de Pesquisa Improvável*. "O prêmio IgNobel homenageia façanhas que, em primeiro lugar, fazem as pessoas rir, e, depois, pensar", afirmam os organizadores. "Os prêmios têm a intenção de celebrar o incomum, de homenagear o criativo – e de estimular o interesse das pessoas pela ciência, medicina e tecnologia."

A fusão a frio em uma galinha é absolutamente digno de um IgNobel , assim como a FUSÃO A FRIO (p. 51) em um tubo de ensaio, que foi realizada antes do surgimento do IgNobel (1991). Ambos nos fazem rir e depois pensar sobre o limite entre a ciência e a tolice.

BIORRITMOS

Sem rima nem razão

Biorritmos não são o mesmo que ritmos biológicos, que pertencem exclusivamente à ciência. Os biorritmos não passam de uma tolice.

A teoria pseudocientífica do biorritmo afirma que temos três ciclos fixos, cada qual começando no momento do nascimento: um ciclo físico de 23 dias, um ciclo emocional de 28 dias e um ciclo intelectual de 33 dias. Nenhum desses ciclos de fato existe, mas isso não impede os defensores do biorritmo de alegar que eles podem ser usados para explicar a fisiologia e o comportamento humanos.

A teoria original do biorritmo foi proposta no final do século XIX por Wilhelm Fliess, um médico alemão e amigo próximo de Sigmund Freud, que, por sua vez, nos deu a controversa teoria da PSICANÁLISE (p. 167). Desde o final do século XX, muitos outros ciclos biorrítmicos têm sido "descobertos": um espiritual, de 53 dias, um consciente, de 48 dias, um estético, de 43 dias, e um intuitivo, de 38 dias.

Você não precisa de nenhum treinamento médico para calcular seu biorritmo, apenas de sua data de nascimento, um papel e uma caneta. Muitas calculadoras biorrítmicas estão disponíveis na internet. Uma vez obtido o gráfico, interpretá-lo é simples: seus dias "bons" ou "ruins" de diferentes ciclos estão acima ou abaixo da linha "zero", o ponto central de cada ciclo. As coisas têm boas chances de dar errado em dias "críticos", dias em que os ciclos cruzam a linha "zero": o dia "duplamente crítico" ocorre quando dois ciclos a cruzam, e o dia "triplamente crítico" quando três ciclos a cruzam (nesse dia, não é aconselhável tomar quaisquer decisões importantes).

Seria bom se a vida fosse tão simples. Infelizmente, não o é para os cientistas que estudam o relógio biológico, um sistema interno de cronometragem que regula os ritmos diários de vários processos do nosso corpo. Tem-se observado que centenas de padrões celulares, fisiológicos e comportamentais obedecem a um ciclo, em seres humanos, de 24 horas. Por essa razão, o relógio biológico também é chamado de relógio circadiano (do latim *circa*, "cerca", e *diem*, "de um dia").

O relógio circadiano tende a estar sincronizado com ciclos de claro e escuro. Outros fatores, tais como temperatura ambiente, horário das refeições, estresse e exercício físico também podem afetar o relógio. Tanto o *jet lag* (fadiga de viagem) quanto os problemas de saúde associados a jornadas de trabalho noturnas são decorrência, em sua maioria, da batalha do corpo contra o relógio circadiano quando ele tem a sua sincronia com os ciclos de claro/escuro ou com os ciclos de sono/vigília abruptamente perturbada. Relógios defectivos podem até mesmo provocar depressão.

Cientistas ainda precisam desvendar por completo os mistérios do relógio biológico dos seres humanos, mas, para os defensores dos biorritmos, nossos padrões fisiológicos e comportamentais diários são tão simples quanto um gráfico de biorritmos.

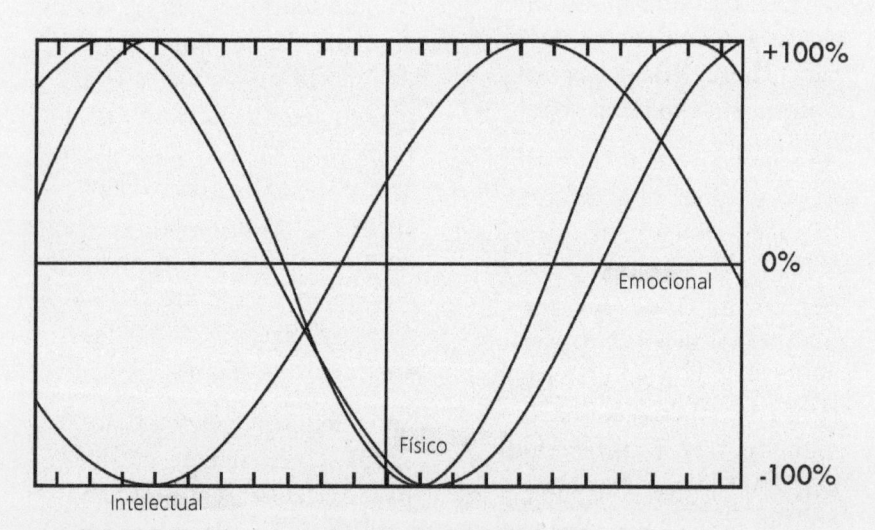

Um gráfico de biorritmos de 30 dias que mostra os ciclos físico, intelectual e emocional.

A LEI DE BODE

Uma lei científica ou uma coincidência extraordinária?

Em 1772, Johann Titius, professor da Universidade de Wittenberg, na Alemanha, descobriu uma relação numérica extraordinária entre as distâncias que separam os planetas do Sol.

Ele chamou atenção para o fato de que os números na série 0, 3, 6, 12, 24, 48, 96, quando somados a 4 e divididos por 10, produziam a série 0,4; 0,7; 1; 1,6; 2,8; 5,2; 10. Se a distância entre o Sol e a Terra é estabelecida em 1 unidade astronômica (UA, cerca de 150 milhões de quilômetros), então esses números correspondem às distâncias dos seis planetas conhecidos na época, com exceção da posição 2,8. Titius sugeriu que essa posição pertencia a satélites desconhecidos de Marte.

Naquele mesmo ano, o astrônomo alemão Johann Bode se apropriou da regra de Titius, sem lhe dar qualquer crédito, e a reproduziu em seu livro didático de astronomia. Contudo, ele sugeriu um novo planeta para a lacuna em 2,8. Hoje, a regra é conhecida como lei de Bode. Embora tenha conduzido outras investigações astronômicas, ele é lembrado, hoje, por ter popularizado uma relação à qual não deu origem.

Quando o célebre astrônomo teuto-britânico William Herschel descobriu o planeta Urano, em 1781, ele também satisfez a lei de Bode (continuando a série de Titius e duplicando 96, que corresponde a Saturno, tem-se 192; quando somado a 4 e dividido por 10, dá 19,6, que é bastante próximo de 19,2, a distância real entre Urano e o Sol em unidades astronômicas).

Naquele momento, os astrônomos tinham a forte sensação de que outro planeta estava para ser encontrado entre Marte e Júpiter. Quando, em 1801, o planeta "perdido" foi descoberto por Giuseppe Piazzi, monge e diretor do observatório de Palermo, na Itália, ele apresentou diversas características que o diferenciavam muito dos outros planetas. Piazzi batizou o "novo planeta" de Ceres.

Bode estava convencido de que a sua lei (a qual havia, sem cerimônia, furtado de Titius) era verdadeira. Ele escreveu para Herschel: "Estou convencido de que Ceres é o oitavo planeta primário do nosso Sistema Solar". Herschel não se deixou influenciar pelos apelos de Bode em favor de sua lei. Ele tinha certeza de que Ceres representava uma classe nova e distinta de corpos celestes. Hoje, sabemos que Ceres é o maior asteroide do cinturão localizado entre Marte e Júpiter.

A tabela a seguir mostra a lei de Bode aplicada a planetas conhecidos na época da sua formulação e também a descobertas posteriores. Com relação aos dois planetas mais distantes, a diferença entre os valores (o real e o previsto pela lei) é consideravelmente grande.

Planeta	Distância média em relação ao Sol segundo a lei de Bode (AU)	Distância média real em relação ao Sol (AU)
Mercúrio	0,4	0,4
Vênus	0,7	0,7
Terra	1,0	1,0
Marte	1,6	1,6
asteroide Ceres	2,8	2,8
Júpiter	5,2	5,2
Saturno	10,0	9,5
Urano	19,6	19,6
Netuno	38,8	30,0
Plutão*	77,2	39,2

Plutão* não é mais classificado como planeta, e sim planeta-anão.

Não existe uma explicação teórica geralmente aceita para a lei de Bode. Defensores da lei dizem que ela é um dos maiores mistérios do Sistema Solar. Críticos afirmam que a suposta lei não passa de pura coincidência. Uma lei científica prevê com exatidão; no caso da lei de Bode, os desvios das previsões são grandes demais para serem descartados como erros sistemáticos.

A lei de Bode não é, necessariamente, uma pseudociência, mas a pseudociência prospera em virtude do nosso fracasso em traduzir a álgebra para a linguagem comum, na qual o absurdo do argumento pode ser facilmente estabelecido. A história a seguir ilustra a questão. Quando o gênio matemático Leonhard Euler, nascido na Suíça, ficou totalmente cego, em 1776, ele foi convidado por Catarina, a Grande, para viver em São Petersburgo. Certa vez, ela solicitou que Euler silenciasse um visitante francês, o filósofo Denis Diderot, que estava tentando converter seus cortesões ao ateísmo. Euler disse, seriamente, a Diderot: "Senhor, $a + bn/n = x$, logo Deus existe; conteste". O matematicamente "desfavorecido" filósofo ficou sem palavras.

Um argumento matemático tolo pode nos levar a uma conclusão tola – ou pior, pode nos dar um nó na língua.

Quiropraxia

O valor real da "descoberta" de Palmer

A manipulação da coluna vertebral é praticada desde os tempos antigos. Hipócrates, o grande médico grego do século V a.C., escreveu muito sobre a manipulação da coluna vertebral e explicou como diferenciar deslocamentos completos (luxações) de deslocamentos parciais (subluxações).

Em 1895, Daniel David Palmer, um americano que tinha trabalhado intermitentemente como agricultor, professor e comerciante, e que também se aventurava na frenologia, no espiritualismo e no tratamento magnético, anunciou uma "descoberta": a de que vértebras subluxadas são a causa de 95% de todas as doenças. Ele argumentou que vértebras desalinhadas afetam os nervos da coluna vertebral, provocando doenças. Se a coluna vertebral fosse ajustada, a energia inata do corpo fluiria livremente pelos nervos, permitindo ao corpo curar a si mesmo.

A quiropraxia ganhou, ao longo dos últimos cem anos, a aceitação pública generalizada. Será que essa aceitação pública é baseada apenas na crença ou também em evidências científicas? Os críticos dizem que, desde o seu início, nada mudou na quiropraxia em termos científicos. Eles questionam, inclusive, se a subluxação vertebral realmente existe. Hoje, nem todos os quiropraxistas concordam cegamente com a teoria tradicional da subluxação, e há vários inovadores na profissão. Contudo, a teoria pseudocientífica da subluxação continua sendo ensinada nas faculdades de quiropraxia.

A maioria das pessoas recorre a um quiropraxista para aliviar dores nas costas. Uma avaliação de uma série de tratamentos quiropráticos aplicados a pacientes com dores lombares, feita em 2009 pela *Cochrane Reviews* (uma das publicações mais respeitadas e imparciais no campo da avaliação da pesquisa médica), concluiu: "No curto prazo, no que se refere às dores lombares agudas e subagudas, intervenções quiropráticas aplicadas em conjunto reduziram ligeiramente a dor e a incapacidade e, no médio prazo, aliviaram a dor. Entretanto, não há, atualmente, evidências que permitam provar ou rejeitar a hipótese de que essas intervenções oferecem, quando comparadas a outras intervenções, uma melhora clinicamente significativa da dor ou da incapacidade em pessoas com dores lombares". Em outras palavras, o tratamento quiroprático alternativo não é nada melhor que o tratamento convencional.

O CETICISMO CLIMÁTICO

Mitos não podem mudar a realidade

Em 2007, quando os relatórios do PIMC (Painel Intergovernamental sobre Mudança Climática) sobre o aquecimento global *(veja quadro p. 50)* foram publicados, afirmou-se que as dúvidas sobre a influência das atividades humanas nas mudanças climáticas não estavam mais em discussão.

Entretanto, as dúvidas tornaram-se maiores ainda quando, em 2009, centenas de e-mails privados, supostamente trocados entre alguns dos cientistas climáticos mais proeminentes do mundo, foram roubados da Unidade de Pesquisa Climática da Universidade da Ânglia Oriental e vazados na internet. Os e-mails sugeriam que alguns cientistas haviam manipulado dados para exagerar o quadro do aquecimento global. A dúvida aumentou quando, em 2010, o PIMC desculpou-se por afirmar erroneamente, no seu relatório de 2007, que havia uma grande chance de que as geleiras do Himalaia derreteriam por completo até 2035.

Esses escândalos deram novo impulso aos céticos do clima, que questionam a realidade das mudanças climáticas. Cientistas, porém, afirmam que a atividade humana está, sem dúvida, influenciando as mudanças climáticas, ainda que não saibamos responder com certeza "quando" e "quanto".

Aqui estão algumas das razões pelas quais os céticos pensam que as mudanças climáticas constituem uma teoria da conspiração:

As manchas solares influenciam as mudanças climáticas

As manchas solares são como sardas no rosto brilhante do Sol. Onde quer que campos magnéticos emerjam do Sol, eles suprimem o fluxo dos gases quentes circundantes, criando regiões relativamente frias que aparecem na forma de remendos escuros na camada rasa e exterior do Sol, conhecida como fotosfera. O número de manchas solares visíveis varia em um ciclo regular, conhecido como ciclo das manchas solares, alcançando um máximo a cada 11 anos, aproximadamente. Próximo a um "mínimo solar", há apenas algumas manchas solares. Durante um "máximo solar", há um aumento evidente do número de manchas e erupções solares, que são imensas explosões de energia liberadas na região das manchas solares.

Desde que o ciclo das manchas solares de 11 anos foi documentado, em 1843, os cientistas têm ficado fascinados com a possibilidade de que o ciclo possa influenciar o clima da Terra. Medições de satélites mostram que, de fato, a emissão solar aumenta e diminui em sincronia com o ciclo de manchas solares. As oscilações são fracas – somente 0,1% de alteração na energia solar – e não mostram nenhuma tendência crescente ou decrescente. Ainda assim, elas influenciam as temperaturas na Terra. Essa influência, contudo, é dez vezes menor do que o impacto dos gases do efeito estufa sobre o ciclo das manchas solares de 11 anos.

Os culpados são os raios cósmicos

A atmosfera da Terra está continuamente sendo bombardeada por raios cósmicos, que são partículas de radiação intensa que vêm de fora do Sistema Solar, mas que também são geradas em erupções solares ou outros eventos solares energéticos. Alguns céticos do clima argumentam que os raios cósmicos dão início à formação de nuvens: os raios cósmicos ionizam o ar, que, por sua vez, transmite uma carga elétrica aos aerossóis estimulando-os, em teoria, a se reunirem e formarem nuvens. Os cientistas que estudam as nuvens afirmam que não há evidências convincentes para relacionar a formação de nuvens aos raios cósmicos. Além disso, medições da intensidade dos raios cósmicos, feitas ao longo dos últimos 50 anos, não mostram qualquer correlação entre a sua intensidade e o suposto aquecimento global que esteve em moda nas últimas décadas.

É o vapor d'água, não o dióxido de carbono

Os céticos alegam que o vapor d'água explica, mais ou menos, 98% de todo o aquecimento. O vapor d'água é, de fato, o gás mais abundante do efeito estufa, e é de suma importância no que se refere ao clima. Contudo, o vapor d'água explica apenas, aproximadamente, 50% do aquecimento global; as nuvens são responsáveis por outros 25% e o dióxido de carbono e outros gases do efeito estufa pelos 25% restantes. As concentrações de vapor d'água estão aumentando em resposta às temperaturas crescentes. A emissão de dióxido de carbono na atmosfera a torna mais úmida, o que aumenta o aquecimento causado pelo dióxido de carbono.

Não se pode confiar em modelos computadorizados

Os modelos computadorizados dos cientistas sequer conseguem prever o tempo com exatidão: como podemos confiar nos seus modelos climáticos? Se modelos servissem para alguma coisa, teriam nos salvado da crise global financeira, já que os economistas fazem uso deles para prever o mercado de ações.

Primeiramente, tempo e clima são coisas diferentes; o clima é a média das condições atmosféricas ao longo de um período de tempo. Em segundo lugar, os economistas também utilizam modelos para mercados financeiros, que são muito mais complicados de ser reproduzidos do que o clima. Os modelos utilizados pelos cientistas climáticos jamais são perfeitos, mas são continuamente testados e validados por meio de comparações com dados de diversas fontes.

Algumas das maiores descobertas do relatório do PIMC de 2007

- A concentração atmosférica do dióxido de carbono, o principal gás do efeito estufa, aumentou das estimadas 280 ppm (partes por milhão) da época industrial para 379 ppm, o nível estimado em 2005.

- Os 11 anos entre 1995 até 2005 foram classificados entre os 12 anos mais quentes desde que os relatórios tiveram início, em 1850.

- Em média, as geleiras das montanhas e as camadas de neve sofreram uma diminuição nos dois hemisférios.

- Nesse século, nosso planeta aquecerá entre 1,1 °C e 6,4 °C.

- Aumentos do nível do mar irão variar de 18 a 59 centímetros até 2100.

- Existe uma probabilidade de, no mínimo, 90%, de que acontecimentos extremos, tais como ondas de calor e chuvas pesadas, se tornarem mais frequentes, e ciclones tropicais se tornarem mais intensos.

FUSÃO A FRIO

Fusão nuclear em um frasco de vidro

Tanto a fissão quanto a fusão nuclear liberam quantidades enormes de energia.

Na fissão nuclear, o núcleo de um átomo pesado se divide em dois ou mais átomos mais leves. Essa reação ocorre em reatores e bombas atômicas. Na fusão nuclear, por sua vez, os núcleos de elementos leves se juntam para formar um núcleo novo e mais pesado. Nas estrelas, por exemplo, a energia é produzida por reações de fusão. Iniciar uma fusão nuclear exige uma temperatura mais alta que a do Sol. Os cientistas ainda não tiveram sucesso na construção de um reator de fusão nuclear. Se uma forma de iniciar a fusão à temperatura ambiente for encontrada, ela se constituirá em uma fonte potencial de energia barata, não poluente e inesgotável, e será a solução para os problemas mundiais de energia.

Em 23 de março de 1989, Stanley Pons e Martin Fleischmann, químicos da Universidade de Utah, chocaram o mundo ao anunciar em uma coletiva de imprensa que haviam descoberto uma forma de produzir fusão nuclear em um frasco de vidro e à temperatura ambiente. O seu reator de fusão, que cabia em uma mesa de laboratório, consistia em dois eletrodos – um de paládio, outro de platina – imersos em um frasco de vidro com água pesada (água contendo deutério no lugar do hidrogênio comum). Esse simples aparelho, que podia ser montado em um laboratório escolar, produzia, supostamente, uma energia térmica dez vezes maior do que a energia elétrica que passava pelos eletrodos. Os químicos também argumentaram que a reação gerava radiação gama.

Quando centenas de cientistas ao redor do mundo tentaram repetir o experimento, a única coisa que conseguiram encontrar nos seus frascos de vidro foi água fria. A saga da fusão a frio é um dos casos mais extraordinários da história da pesquisa científica. Ela vem demonstrando que os cientistas são tão vulneráveis a certas fraquezas humanas, tais como a ambição e a vaidade, quanto qualquer outra pessoa.

A maioria dos físicos acredita que a fusão a frio é "impossível" de ser realizada. Por outro lado, alguns pesquisadores estão certos de que essa fonte de energia é viável, e estão dando continuidade aos seus próprios experimentos. Ainda ouviremos falar da fusão a frio.

O SENSO COMUM E A CIÊNCIA

Uma relação complexa

"O senso comum é o conjunto de preconceitos adquiridos até os 18 anos."

Essa famosa citação é atribuída a Einstein, mas sua exatidão é questionável. Afinal de contas, o que é o senso comum? Pode-se dizer que é um conhecimento ordinário e não especializado que leva alguém a fazer um julgamento razoável. Lathel F. Duffield, um antropólogo cultural americano, quer acrescentar "comum" a essa definição e diz que o senso comum é "um julgamento ou opinião compartilhada por membros de um grupo". Ele argumenta que esse compartilhamento faz do senso comum um padrão cultural que é parte da configuração cultural genérica da sociedade. Portanto, diz ele, o senso comum é uma forma adquirida de pensar.

Essa forma adquirida pode, também, levar a preconceitos, que são indesejáveis porque resultam em um tratamento injusto dos indivíduos. O senso comum nos diz que o Sol se move ao redor da Terra. No século XVI, quando o astrônomo polonês Copérnico rejeitou essa ideia amplamente aceita, ele foi ridicularizado e tido como um tolo que queria virar a ciência astronômica inteira de cabeça para baixo. Desde então, o senso comum evoluiu e, hoje, qualquer pessoa que acreditasse que a Terra é o centro do Sistema Solar seria ridicularizada e tida como tola (veja GEOCENTRISMO, p. 90). Quando o senso comum não evolui, passa a ser ignorância, preconceito, e até mesmo fanatismo. Não devemos confundir senso comum com preconceito.

O advento da mecânica quântica, no início do século XX, introduziu fenômenos que estavam além das capacidades dos nossos sentidos (até Einstein era "assombrado" pelo entrelaçamento quântico, veja TELETRANSPORTE, p. 195). O hardware e o software "instalados" nos seres humanos pela evolução tinham alcançado o seu pico. A ciência não podia simplesmente ser guiada pelo senso comum. "Um exemplo clássico das limitações da nossa rede neurológica é a inabilidade de ver em mais de três dimensões" (tradução livre), diz o físico teórico americano Leonard Susskind. "Os físicos não vêm tendo outra escolha senão a de se reprogramar. Onde a intuição e o senso comum fracassaram, eles tiveram de criar novas formas de intuição, principalmente por meio do uso da matemática abstrata" (tradução livre). Ainda assim, temos de utilizar esse senso incomum de forma razoável, aconselha.

À medida que a ciência evolui, nosso senso comum também evolui, e eles se definem um ao outro conforme evoluem juntos. O físico teórico britânico John Ziman, já falecido, observa em *Real Science: What It Is, and What It Means* (2000) [*O homem e a ciência – Conhecimento público*, Livraria Itatiaia, 1979]: "Dessa forma, quando contrastamos um princípio científico com o 'senso comum', estamos indicando que achamos possível defini-lo com precisão e fornecer uma explicação coerente da razão pela qual devemos confiar nele, em vez de apenas o aceitarmos como uma verdade indiscutível".

Agora, se os defensores do *DESIGN* INTELIGENTE (p. 102) se afastarem do senso comum que crê na singularidade humana no mundo (baseado principalmente na religião) e tentarem compreender a crença científica dos defensores da evolução, talvez cheguemos a um entendimento mútuo. Esse será o novo senso comum e a nova ciência da criação – a evolução.

A CONSCIÊNCIA

Explicando o inexplicável?

Até recentemente, os neurocientistas ignoravam o estudo da consciência: o problema era considerado filosófico ou muito difícil de ser estudado de forma experimental.

Hoje, contudo, a maioria acredita que a consciência – nossa percepção imediata e subjetiva do mundo e de nós mesmos – pode ser explicada como se fosse constituída pelo comportamento dos cem bilhões de neurônios do cérebro.

Aos poucos, o cérebro humano está entregando seus segredos a instrumentos cada vez mais poderosos que conseguem, por exemplo, produzir imagens do que acontece dentro da cabeça de uma pessoa enquanto ela escuta música. Esses instrumentos capazes de produzir imagens cerebrais variam desde a tomografia por emissão de pósitrons (PET, em inglês), que utiliza radioatividade para identificar neurotransmissores, e da ressonância magnética (fMRI, em inglês), que utiliza um campo magnético poderoso para alinhar núcleos atômicos no cérebro, até a magnetoencefalografia (MEG, em inglês), que consegue captar os tênues campos magnéticos gerados pelas redes neurais ativas. Os neurocientistas podem, inclusive, "filmar" os rastros da atividade neurológica que é estimulada por pensamentos e emoções passageiras. Algum dia, esses "filmes" poderão revelar até mesmo a natureza da própria consciência.

Francis Crick, que dividiu um prêmio Nobel com James Watson por ter descoberto, em 1953, a estrutura do DNA, deve ser creditado, em grande medida, pelo atual interesse científico na forma como os processos cerebrais criam a consciência. Em 1990, ele e Christof Koch, um jovem neurocientista que trabalhou em estreita cooperação com Crick, rejeitaram a hipótese de muitos dos seus colegas de que a consciência não pode ser definida e muito menos estudada. A consciência é um tema legítimo para a ciência, declararam. Crick faleceu em 2004, mas Koch continua envolvido ativamente em pesquisas sobre a consciência.

De acordo com Crick e Koch, não se pode ter esperanças de alcançar uma compreensão verdadeira da consciência tratando o cérebro como uma caixa preta (um objeto cuja estrutura interna é irrelevante). Somente pela análise dos neurônios e das interações entre eles é que os cientistas podem acumular o conhecimento necessário para criar um modelo científico da consciência. Crick e Koch afirmam que, embora haja diversas abordagens possíveis para o problema, eles têm se concentrado na "percepção visual e não em outras formas de consciência, tais como a dor ou a autoconsciência", porque os seres humanos são animais muito visuais, e nossa percepção visual é particularmente vívida e rica em informação.

David J. Chalmers, um filósofo australiano, acredita que a filosofia deve fazer a ponte entre a "lacuna explicativa" que existe entre a teoria física da consciência e a nossa experiência subjetiva. "Entrei nesse campo para tentar entender de que forma um sistema físico como o cérebro também pode ser uma entidade consciente dotado de experiência subjetiva", diz ele.

Chalmers faz uma distinção entre as "questões fáceis" e a "questão difícil" da consciência. A sua lista de questões fáceis inclui: como um cérebro consegue discriminar as informações do mundo? Como consegue reuni-las e integrá-las? Como o cérebro ou um ser humano consegue descrever seus estados mentais verbalmente? Como nos utilizamos das informações para controlar nossas ações?

Chalmers não acha que as questões fáceis sejam triviais, mas acredita que o esforço contínuo da psicologia cognitiva e da neurociência conseguirá solucioná-las. Contudo, a "questão difícil" ainda subsiste: como os processos físicos que ocorrem no cérebro dão origem à experiência subjetiva? "Por que o processamento físico que ocorre no cérebro, por mais sofisticado que seja, deveria, sob qualquer hipótese, dar origem a uma vida interior subjetiva? Por que não poderia tudo isso ter simplesmente se apagado?", pergunta ele. "Esse é o verdadeiro mistério."

Para ilustrar a diferença entre as "questões fáceis" e a

"questão difícil", Chalmers usa um experimento hipotético desenvolvido pelo filósofo australiano Frank Jackson: Mary, uma neurocientista do século XXIII, que sabe tudo que há para saber a respeito de como o cérebro processa cores, passou toda a vida em um quarto preto e branco. Mary não sabe o que significa ver uma cor como o vermelho. "Conclui-se, portanto, que existem fatos sobre a experiência consciente que não podem ser deduzidos dos fatos físicos sobre o funcionamento do cérebro", diz Chalmers.

Daniel C. Dennett, um filósofo americano, é o principal crítico da "questão difícil". Sua teoria dos "rascunhos múltiplos" diz que a consciência não é um processo unitário, mas um processo bastante confuso. O cérebro é uma espécie de máquina de fazer hipóteses, constantemente produzindo novos rascunhos do que está acontecendo no mundo. A organização sequencial dos eventos é dividida, no cérebro, em escalas de tempo extremamente pequenas, e os eventos que formam a consciência não podem ser ordenados. Não há um local central do cérebro no qual tudo se torna presente ou no qual as decisões são tomadas. "Não é por entrarem em algum espaço especial do cérebro que os estados mentais se tornam conscientes", enfatiza ele.

A forma pela qual os processos do cérebro se transformam em consciência ainda é um mistério para os neurocientistas. Mesmo que esse mistério seja desvendado, será que ele explicará em definitivo a consciência? Há muitos que ainda argumentam que a mente é mais do que o cérebro e, portanto, a consciência continuará sendo o maior dos mistérios. Eles não se sentem bem com a ideia de reduzir suas mentes a pedaços de carne e seus sentimentos e pensamentos íntimos a pixels em telas de computadores.

Talvez as pistas para o mistério da consciência se encontrem em antigas distinções entre o que significa ser um cientista e o que significa ser um filósofo. Um cientista procura um gato preto em um quarto escuro, enquanto um filósofo procura um gato preto em um quarto escuro no qual não há nenhum gato preto. Onde será que está o gato preto chamado consciência?

COLISÕES CÓSMICAS

Planetas em colisão no limiar da ciência

Em aproximadamente 1500 a.C., um cometa foi expelido de Júpiter. Ele se aproximou da Terra e de Marte antes de se estabelecer em uma órbita entre a Terra e Mercúrio e se tornar o planeta Vênus.

À medida que a Terra passava pela cauda do cometa, uma série de eventos era desencadeada: bombardeios meteóricos provocavam o alastramento de incêndios; a queda de poeira meteórica coloria os rios de vermelho-sangue e envolvia o mundo em uma escuridão que durou quatro dias; campos petrolíferos eram criados no Oriente Médio à medida que grandes quantidades de petróleo caíam do céu; e carboidratos comestíveis (maná) caíam sobre a Terra. Por centenas de anos, múltiplas colisões ocorreram entre a Terra, Vênus e Marte, terminando apenas em 700 a.C. Em decorrência dessas aproximações com Vênus e Marte, a Terra sofreu mudanças geológicas extremas que resultaram em eventos catastróficos, tais como erupções vulcânicas, inundações globais e a formação de novas cadeias montanhosas. Evidências dessas colisões cósmicas podem ser encontradas em mitos e lendas de todas as culturas; em histórias bíblicas, como a do dilúvio de Noé, a da abertura do mar vermelho, a de Josué fazendo o Sol parar, e a das pessoas comendo manás vindos do céu.

Todas essas afirmações a respeito de catástrofes violentas, e muitas outras, apareceram em um livro chamado *Worlds In Collision* [*Mundos em colisão*, Melhoramentos, 1964], publicado originalmente em 1950. Seu autor, Immanuel Velikovsky, falecido em 1979, era um psiquiatra russo-americano. O livro dava livre curso a uma série de informações estranhas. Ao que parece, causou uma boa impressão junto aos críticos, que publicaram resenhas favoráveis em jornais e revistas populares, tornando o livro muitíssimo conhecido (continua em catálogo). Os astrônomos, por sua vez, não ficaram tão impressionados com essa noção cataclísmica da história mundial.

Todas as teorias de Velikovsky foram rejeitadas por completo, mas ainda há muitos seguidores dedicados. David Morrison, um cientista espacial americano, escreve em *Velikovsky at Fifty* [Velikovsky aos cinquenta, tradução livre], um artigo de 2001 publicado na revista *Sceptic*: "Há amplas evidências de que Velikovsky era pouco mais que um excêntrico, algo que ficava evidente para os astrônomos assim que davam uma espiada em seu livro". Brian Toon, um estudioso americano da atmosfera, pondera: "Velikovsky influenciou-me ao mostrar como o público pode ser facilmente enganado pela pseudociência".

Os círculos em plantações

Feitos por seres humanos, alienígenas ou pela natureza?

O termo "círculos em plantações" refere-se a imensas figuras geométricas que surgem de forma um tanto misteriosa, em geral à noite, em plantações de trigo, cevada, centeio, aveia e outros cereais.

As plantas raramente são cortadas ou destruídas, mas têm seus caules dobrados e amassados.

Os círculos em plantações vêm sendo noticiados desde os anos 1960, mas o fenômeno atraiu a atenção da mídia e ganhou popularidade mundial no verão setentrional de 1970, quando vários círculos, cada um com cerca de 18 metros de diâmetro, surgiram de forma aleatória em uma plantação de aveia nos campos ondulados de Wiltshire, no sul da Inglaterra. Desde então, milhares de círculos vêm sendo noticiados, alguns em outros países, mas a maioria no sul da Inglaterra. À medida que aumenta a quantidade, aumenta também a complexidade e o tamanho de suas formas. Os círculos relativamente simples dos anos 1960 evoluíram para pictogramas e formas elaboradas (girassol, escorpião, teia de aranha, a roda budista do Dharma, o símbolo pitagórico da saúde) e complexas figuras matemáticas e fractais (dez dígitos do pi, teoremas de Euclides, o teorema das cordas de Ptolomeu, um vórtice de curvas logarítmicas). Uma formação que apareceu em 2001 (em Wiltshire, claro) cobria cerca de 5 hectares e tinha mais de 243 metros de extensão.

Os círculos em plantações recentes são, em sua maioria, obra de trapaceiros movidos pela atenção da mídia. Aqueles que estudam os círculos em plantações (eles chamam a si mesmos de "cerealogistas"), no entanto, rejeitam essa ideia mundana e oferecem outras explicações exóticas: (1) os círculos são obras de alienígenas inteligentes, já que, em sua maioria, aparecem próximo a locais de aparições de óvnis; ou (2) são produzidos por uma energia espiritual ou espíritos da natureza. Existe, ainda, uma teoria conspiratória: os círculos são resultados de testes de algum tipo de arma de micro-ondas secreta que o governo vem desenvolvendo e não quer revelar ao público.

Os cientistas, entretanto, oferecem explicações simples. Exatamente um século antes do surgimento dos famosos círculos de Wiltshire, um cientista amador inglês chamado J. Rand Capron, em uma carta de 29 de julho de 1880 ao jornal *Nature*, descreveu estranhas regiões circulares em uma plantação de trigo: "Examinadas mais de perto, todas apresentaram quase a mesma disposição, a saber, alguns poucos caules em pé formando um centro, alguns caules prostrados com os topos arranjados de maneira bastante uniforme em uma única direção, formando um círculo ao redor do centro e, em volta destes, uma parede circular de caules intactos... e não pude localizar, nos arredores, quaisquer circunstâncias que pudessem servir de explicação para as formas peculiares dessas áreas da plantação, ou que indicassem que elas eram decorrência do vento ou da chuva, ou dos dois juntos". Ele concluiu que o fenômeno havia sido causado, provavelmente, por "alguma ação de ventos ciclônicos".

Alguns cientistas modernos também sugerem que eles são formados por vórtices atmosféricos, uma espécie de corrente de ar rotativa, similar a um tornado. Outros alegam que esse vórtice tem de ser eletrizado para ser capaz de produzir figuras tão complexas. Os críticos dizem que mesmo um vórtice eletrizado seria incapaz de talhar no solo figuras tão precisas. Se nem todos os círculos em plantações são obras do homem, então os cientistas têm uma tarefa desafiadora à sua frente. O problema é que a maioria dos cientistas "confiáveis" não gosta de se envolver com assuntos extravagantes e estranhos.

Esse panfleto xilográfico intitulado "O Demônio-Ceifador", de 1687, conta uma história sobre um fazendeiro inglês que pediu ao ceifador do vilarejo que cortasse a sua plantação de aveia. Quando o ceifador exigiu dinheiro demais, o fazendeiro retrucou que o demônio haveria de ceifá-la em seu lugar. Na mesma noite, de forma inexplicável, toda a plantação foi cortada. A ilustração mostra o demônio ceifando, de acordo com um padrão circular de segmentos grandes, contrariamente ao padrão circular de segmentos menores das plantações modernas.

CRIPTOZOOLOGIA

À procura dos *snarks*

A criptozoologia tenta disfarçar os monstros do mito, da fantasia e do pesadelo sob o manto protetor da imparcialidade científica.

O termo foi criado no final dos anos 1950 pelo zoólogo belga Bernard Heuvelmans e significa, literalmente, "estudo dos animais ocultos". Criptídeos, ou "animais ocultos", são animais desconhecidos ou supostamente extintos, e os "zoólogos" que os estudam formam a "equipe *snark*" (apelido conferido a eles por um colunista do *Times* de 20 de agosto de 1984). *Snark* é a palavra sem sentido inventada por Lewis Carroll, em 1876, no seu livro *The Hunting of the Snark* [*A caça ao Snark*]. Hoje, significa um animal imaginário.

A lista dos *snarks* modernos que os criptozoólogos estudam é longa: ela possui mais de 250 criptídeos de todas as partes do mundo. Os mais famosos são: o tilacino, ou tigre-da-tasmânia, que, acredita-se, foi extinto no século passado; o pé-grande, um primata bípede de 2,5 metros de altura, peludo e semelhante a um gorila, que habita as florestas da América do Norte, e o seu primo iéti, dos Himalaias; uma cobra de 30 metros conhecida como a serpente gigante da América do Sul, o ogopogo, que habita o lago Okanagan, na Colúmbia Britânica, e o seu primo famoso, O MONSTRO DO LAGO NESS (p. 115), estrela de inúmeros livros, documentários e filmes.

É verdade que alguns criptídeos migraram da mitologia para os livros didáticos de biologia: o gorila, por exemplo, em 1847; o urso panda-gigante, em 1869; a girafa de pescoço curto, em 1901; o hipopótamo-pigmeu, em 1913; o bonobo, ou chimpanzé-pigmeu, em 1929; e o geco-gigante, em 1984. Isso não significa, porém, que todo criptídeo mitológico será descoberto um dia.

Os criptozoólogos são bons em extrair monstros da mitologia ou do folclore e apresentar fotos granuladas e vídeos escuros deles como evidência. Contudo, nunca, absolutamente nunca, mostram o corpo em si. A ciência exige evidências tangíveis.

Será que não seria mais benéfico à ciência se os criptozoólogos empregassem suas energias para estudar espécies de organismos que estão desaparecendo mais rapidamente do que podem ser classificados, deixando os *snarks* para os livros infantis?

CRISTALOTERAPIA

Está tudo na mente

Quando pensamos em cristais, pensamos em sólidos semelhantes ao vidro e de formatos simétricos e regulares.

Alguns cristais, tais como diamante, rubi, esmeralda e outras pedras preciosas, têm um quê de fascínio e, muitas vezes, de tranquilidade. Essas propriedades estéticas são responsáveis pela atração que eles exerceram sobre quase todas as civilizações ao longo das épocas. Sacerdotes, xamãs e magos associavam os cristais, as pedras supostamente arremessadas dos céus pelos deuses, a curas mágicas e poderes divinatórios.

Não é de se surpreender que os curandeiros da "Nova Era" (do inglês, *New Age*) tenham recuperado os "poderes dos cristais" e lhes atribuído um papel essencial em crenças esotéricas que estão em total desacordo com a ciência. Eles alegam que os cristais, em especial o quartzo, podem curar enfermidades quando usados com frequência. Alegam também que os cristais de quartzo podem aperfeiçoar e ampliar os poderes psíquicos quando carregados, de forma adequada, com energias positivas. Tal carregamento requer primeiro que se limpe o cristal em água do mar ou água fria corrente, para depois purificá-lo segurando-o na mão e concentrando-se nele. Uma vez purificado, o cristal pode ser carregado pela concentração no tipo de pensamento com o qual se quer programá-lo. Por exemplo, pode-se dizer em voz alta ou pensar em silêncio: "Que somente as energias mais puras, elevadas e perfeitas sejam canalizadas por esse cristal e que ele funcione sempre de acordo com a vontade divina". O cristal recebe as vibrações dos nossos pensamentos e as armazena.

O quartzo é o mineral mais abundante da crosta terrestre; quimicamente falando, é sílica (dióxido de silício). O quartzo, como alguns outros cristais, é capaz de causar um efeito piezelétrico; isto é, quando o cristal é encolhido ou alongado, produz uma tensão elétrica. Inversamente, quando uma tensão elétrica é aplicada ao cristal, ele se encolhe ou se alonga. O cristal reage, assim, em um movimento periódico, a uma tensão alternada. A frequência de um cristal de quartzo depende de sua forma e seu tamanho, característica que permite o controle do tempo em aparelhos feitos com esse material. O efeito piezelétrico foi descoberto em 1880 e os aparelhos piezelétricos continuam sendo muitíssimo utilizados.

A crença da "Nova Era" na terapia e nos poderes psíquicos de certos cristais, como o quartzo, é baseada em uma compreensão equivocada do efeito piezelétrico. Embora o quartzo vibre a milhões de ciclos por segundo, não pode alterar as ondas cerebrais, as quais possuem frequências consideravelmente mais baixas (*veja a seguir*). Não há, em absoluto, evidências experimentais de que o quartzo possa alterar as ondas cerebrais, ou de que as ondas cerebrais possam alterar as frequências do quartzo.

Os psicólogos dizem que é mais provável que o poder que se atribui ao cristal esteja na nossa mente em vez de no próprio cristal. Nossas expectativas e crenças são capazes de alterar bastante o curso de uma doença (veja EFEITO PLACEBO, p. 135). Caso ainda não esteja convencido, ao menos leve em conta o conselho de que até um cristal barato de quartzo alcançaria o mesmo suposto efeito terapêutico de um pingente ou de uma pulseira de cristal valioso. Para que desperdiçar dinheiro?

Quatro tipos de onda cerebral que compõe o eletroencefalograma (EEG)

Ondas delta
0-4 Hz (hertz, ciclos por segundo); presentes durante o sono profundo

Ondas teta
4-7 Hz; presentes durante o sono leve e profundo relaxamento (meditação)

Ondas alfa
8-12 Hz; ocorrem quando estamos calmos e relaxados

Ondas beta
13-30 Hz; associadas à concentração ativa (estado normal de vigília)

O ORÁCULO DE DELFOS

Inalando vapores e fazendo profecias

O templo de Apolo, em Delfos, na encosta sul do monte Parnaso, era o local religioso mais frequentado do antigo mundo grego.

Construídos pela primeira vez no século VII a.C. e reconstruídos outras tantas ao longo dos séculos, os alicerces do templo, assim como diversas colunas dóricas de calcário, resistem até hoje.

Apolo era o deus da profecia. Dentro do templo, instalava-se o oráculo délfico, que dava resposta a questões de governantes, filósofos e cidadãos sobre o futuro. A pitonisa, a sacerdotisa suprema que presidia o oráculo, era o meio pelo qual Apolo se pronunciava. O papel de pitonisa foi exercido por diferentes sacerdotisas durante quase mil anos, até o fechamento do templo, no século IV. As profecias do oráculo têm um papel central nos mitos gregos. Quando Édipo foi a Delfos indagar sobre os seus pais verdadeiros, o oráculo o alertou que ele mataria seu pai e se casaria com a mãe.

Em uma pequena câmara subterrânea, a pitonisa sentava-se sobre uma trípode segurando, em uma das mãos, um ramo de louro (a árvore sagrada de Apolo) e, na outra, uma taça contendo água de uma fonte que corria sob o templo. Durante as sessões oraculares falava com voz alterada e dava a impressão de estar em transe. Suas sentenças eram, então, interpretadas pelo sacerdote presente, em resposta às indagações do consulente. Muitos escritores antigos, entre eles Plutarco, o famoso ensaísta e biógrafo do século I que serviu como sacerdote em Delfos, atribuíam os poderes proféticos do oráculo a gases que saíam de uma fenda no solo ou da fonte que corria sob o templo. Plutarco dizia que o ar, na câmara, tinha um cheiro adocicado de flores.

Seriam, de fato, os vapores inebriantes vindos do subsolo os responsáveis por soltar a língua da pitonisa? Em 1927, geólogos franceses fizeram um levantamento do templo e não encontraram qualquer evidência de fendas ou emissões de gases. Eles descartaram as explicações antigas, considerando-as como simples mitos.

Um estudo geológico recente demonstrou que Plutarco, na verdade, tinha razão. A Grécia se situa sobre a confluência de três placas tectônicas e há uma falha geológica significativa, indo de leste a oeste, diretamente abaixo do templo. Uma segunda falha vai de norte a sul e interage com a falha leste-oeste. Além disso, a rocha calcária sob o templo é cheia de rachaduras e permite a passagem de gases e água subterrânea. Uma análise dos gases presentes na água de fontes atuais revelou que ela contém quantidades mensuráveis de metano e etano. Esses gases se misturam à água subterrânea e afloram em torno das fontes.

A geologia da área do templo sugere que, muito provavelmente, ela também desprendia etileno. O etileno – um gás de cheiro adocicado que já foi usado como anestésico – poderia ter emergido por meio de fendas criadas por falhas geológicas. Em pequenas doses, o etileno produz um leve estado de transe, idêntico ao que o oráculo pode ter experimentado.

Os dinossauros

O que será que realmente matou os nossos adoráveis lagartos saltitantes?

Há cerca de 65 milhões de anos, um asteroide despencou do céu e atingiu a Terra, levantando uma nuvem enorme de poeira que, rapidamente, cobriu o planeta como um cobertor, impedindo a entrada da luz do Sol por muitos anos.

O impacto dizimou os dinossauros juntamente com quase 75% de todas as outras espécies. Essa é a teoria, muitíssimo aceita hoje, de que os dinossauros foram extintos devido à queda de um asteroide. No entanto, isso não significa que o assunto esteja encerrado. No passado, houve mais de uma centena de tentativas de explicar a morte dos dinossauros, e, no futuro, haverá outras. Aqui estão três hipóteses criativas que têm permanecido às margens da ciência e que sugerem, por exemplo, que os dinossauros poderiam ter sido:

Drogados
As angiospermas – plantas que produzem flores – se desenvolveram, mais ou menos, no mesmo período em que os dinossauros morreram. Muitas dessas plantas contêm substâncias venenosas. Devido ao seu sabor amargo, os animais de hoje as evitam. Ronald Siegel, um psicofarmacologista americano, sugere que os dinossauros não possuíam paladar para o amargo, tampouco fígados eficientes o bastante para desintoxicar substâncias venenosas. Eles morreram, em massa, de overdoses.

O paleontólogo britânico Anthony Hallam vê o desenvolvimento das angiospermas sob um ângulo diferente: os dinossauros morreram devido à prisão de ventre causada pelo consumo das plantas floríferas que substituíram as samambaias, um alimento básico da dieta dos dinossauros e que contém óleos laxantes.

Esses exercícios de pensamento lateral – veneno e prisão de ventre – têm sido ridicularizados por aqueles que dizem que as angiospermas surgiram 40 milhões de anos antes da morte dos dinossauros.

Vítimas de câncer

Não ponha a culpa nas drogas – foi o câncer. Essa explicação pouco convencional, porém séria, vem do astrofísico americano Juan Collar. Ele alega que os dinossauros foram dizimados por epidemias de câncer. Não, ele não foi causado pelo cigarro. O câncer foi provocado por enormes rajadas de neutrinos liberados por estrelas moribundas. Nos estágios finais de vida, as grandes estrelas irradiam a maior parte da sua energia sob a forma de neutrinos. Essas estrelas moribundas não chegam a ser tão brilhantes quanto as supernovas e, portanto, são difíceis de ser encontradas. Collar as chama de estrelas moribundas "silenciosas".

Ele prevê que a morte de uma estrela silenciosa ocorre, a uma distância de 20 anos-luz da Terra, uma vez a cada cem milhões de anos, aproximadamente. Ele sugere que uma estrela em processo de colapso daria origem a 12 células malignas para cada quilograma de tecido, cada qual capaz de provocar um tumor. Para os dinossauros, uma vez que possuíam mais tecido disponível ao desenvolvimento de cânceres, a consequência seria mais drástica.

Ele recomenda a catalogação de potenciais "bombas de neutrino" – fontes de neutrinos – na galáxia para impedir que tenhamos o mesmo destino dos dinossauros.

Esterilizados pelo calor

O paleontólogo americano Dewey McLean sugeriu que os dinossauros morreram devido a um pequeno, mas crítico, aumento da temperatura global. O calor resultante não chegou a matá-los, mas foi suficiente para torná-los estéreis. Devido ao fato de animais de grande porte não eliminarem o calor de forma tão eficiente quanto os animais pequenos o fazem, um aumento de temperatura de apenas dois graus poderia ter aquecido, a ponto de matar seus espermatozoides, o considerável aparelho reprodutivo de um dinossauro de 10 toneladas.

O argumento apresentado por McLean para sustentar sua teoria foi mais ou menos o seguinte: uma grande quantidade de ovos não incubados de dinossauro tem sido encontrada em pedras, sugerindo, possivelmente, falha na fertilização. Ao mesmo tempo, os ovos apresentam uma diminuição da espessura das cascas. Os pássaros modernos, sob tensão, também põem ovos com cascas finas. Junte-se uma coisa à outra e tem-se uma teoria: o clima quente estressou os dinossauros; a tensão, por sua vez, tornou-os inférteis.

RADIESTESIA

Será que funciona?

A radiestesia é a arte – alguns pensam que se trata de uma ciência – de encontrar água subterrânea, petróleo, minerais, tesouros enterrados, armadilhas inimigas e até objetos e pessoas desaparecidas.

Sua aplicação mais conhecida está relacionada à procura de fontes de água subterrânea.

Os radiestesistas utilizam varas divinatórias em forma de forquilha que, em geral, são feitas de galhos, ramos ou gravetos de aveleira, pessegueiro ou salgueiro, embora possam ser feitas também de outras árvores. Os radiestesistas que trabalham com mapas, por sua vez, utilizam pêndulos suspensos sobre os mapas. No entanto, os típicos radiestesistas são aqueles que saem andando por aí com forquilhas à procura de água subterrânea. Eles seguram uma haste da forquilha em cada mão, com firmeza, mantendo o cabo apontado para cima. Enquanto caminham pela área que estão inspecionando, a vara pode, de repente, se sacudir, com violência, em suas mãos. Se a vara apontar para baixo, estará indicando o local a ser escavado em busca de água. Alguns radiestesistas utilizam duas varas; quando se encontram sobre uma fonte de água, as duas varas se cruzam.

A radiestesia é tão antiga quanto às pirâmides do Egito. Os egípcios e os gregos antigos utilizavam-na para prever acontecimentos futuros. Durante a Idade Média, na Europa, era chamada de obra do Demônio, e a Igreja não via a prática com bons olhos. No século XVIII, ganhou credibilidade quando as pessoas passaram a ver nela a intervenção de Deus.

Os céticos ainda franzem o cenho diante da prática, mas concordam que a vara serve apenas como um veículo para sinalizar um efeito produzido pelo radiestesista. Os radiestesistas acreditam que todos os objetos emitem "vibrações", e que o seu subconsciente é capaz de detectá-las.

George Applegate, um engenheiro inglês com vasta

experiência em radiestesia, diz que o subconsciente não é uma entidade em si, mas parte de um subconsciente universal utilizado e controlado, em certa medida, pelo indivíduo. "Todo poder radiestésico vem do interior e, portanto, está sob o nosso próprio controle", escreve em seu livro chamado *The Complete Guide to Dowsing* (1997) [O guia completo da radiestesia, tradução livre]. "Somos capazes de direcionar nossos processos cognitivos adaptando-os, de forma consciente, a quaisquer circunstâncias" (tradução livre). Será que é o poder da sugestão que faz a vara se mexer repetidamente?

Para engenheiros e cientistas que ganham a vida na indústria da prospecção de água subterrânea, a busca por água com uma vara é semelhante à astrologia: atraente, mas sem qualquer fundamento científico. Todos os experimentos de radiestesia conduzidos sob condições controladas mostraram que os radiestesistas, no que se refere à busca por água, são tão eficientes quanto a sorte.

Os geólogos nos garantem que a água subterrânea é distribuída de forma tão extensa que, na maioria das áreas habitadas do mundo, é impossível cavar um buraco profundo ou perfurar um poço sem encontrar água subterrânea. Alguns psicólogos interpretam a agitação da vara divinatória como um efeito ideomotor, um movimento inconsciente do corpo em resposta a uma ideia. São as expectativas do radiestesista que provocam o movimento involuntário da vara divinatória.

A EQUAÇÃO DE DRAKE

Pura especulação

O astrônomo americano Frank Drake é um dos pesquisadores pioneiros do projeto SETI (sigla em inglês para "busca por inteligência extraterrestre").

Em 1960, Drake se tornou a primeira pessoa na história a usar um radiotelescópio para escutar ETs. Naquele tempo, quando o SETI ainda dava os seus primeiros passos, muitos cientistas ridicularizavam a hipótese da existência de vida extraterrestre inteligente, mas, para Drake, a ideia de que existiam outras civilizações inteligentes para além da Terra era uma possibilidade concreta.

Em 1961, Drake convidou uma dúzia de cientistas para participar da primeira conferência do SETI. Enquanto se preparava para a conferência, ele criou uma equação que consiste de variáveis astronômicas, ambientais, biológicas e culturais para estimar o número (N) de civilizações que existem hoje na nossa galáxia e que são capazes de se comunicar através de distâncias interestelares:

$N = R^* \times f_p \times n_e \times f_l \times f_i \times f_c \times L$

onde

R^* = é o número de estrelas que nascem a cada ano na nossa galáxia (variável astronômica)

f_p = é a fração das estrelas que têm planetas habitáveis (variável astronômica)

n_e = é o número médio de planetas ou luas que oferecem condições propícias à vida ao redor de cada estrela (variável ambiental)

f_l = é a fração dos planetas nos quais a vida de fato surge (variável biológica)

f_i = é a fração dos planetas nos quais a vida evolui para formas inteligentes (variável biológica)

f_c = é a fração dos planetas nos quais a vida inteligente é capaz de se comunicar com outros planetas (variável cultural)

L = é o tempo de vida médio de tais civilizações tecnológicas (variável cultural)

Hoje, essa equação é conhecida como a equação de Drake. "Até hoje fico maravilhado ao vê-la reproduzida com destaque na maioria dos livros didáticos sobre astronomia, muitas vezes dentro de um quadro grande e de aparência importante. Foi publicada até no *New York Times*", Drake escreve em seu livro *Is Anyone Out There?* (1991) [Tem mais alguém lá fora?, tradução livre], escrito em parceria com Dava Sobel. Desde então, a equação se tornou muito mais popular e difundida.

Será que ela é capaz de fornecer uma estimativa precisa? Alguns cientistas dizem que ela é altamente especulativa. Jill Tarter, uma importante pesquisadora do SETI (a personagem da Dra. Ellie Arroway no livro *Contact* (1985) [*Contato*, Guanabara, 1986], de Carl Sagan, foi provavelmente baseada em Tarter) diz que ela "não é nada além de uma maneira sistemática de quantificar a nossa ignorância".

Apesar disso, se atribuirmos valores às sete variáveis ao lado direito da equação, é possível calcular N. Podemos, com base no estágio atual das pesquisas astronômicas, atribuir os seguintes valores aproximados:

$R^* = 10$ (De todas as sete variáveis, essa é a única cujo valor é sustentado por evidências observacionais além do Sistema Solar. Hoje, sabemos que existem cerca de 250 bilhões de estrelas no nosso universo de, aproximadamente, 13 bilhões de anos. Sendo assim, a taxa média de nascimento de estrelas é de, mais ou menos, 20 estrelas por ano. A estimativa de 250 bilhões de estrelas, no entanto, inclui todas as estrelas de quaisquer idades entre 0 e 13 bilhões de anos, mas não inclui as estrelas dos primórdios da galáxia que já morreram).

$f_p = 0,2$ a $0,9$ (Para essa variável, Drake estimou o valor de 0,5)

$n_e = 0,1$ a 1 (Usando o nosso Sistema Solar como referência, Drake estimou entre 1 e 5 planetas)

$f_l = 0,33$ (Alguns cientistas defendem que o valor dessa variável é 1 porque a vida é virtualmente inevitável em um planeta que ofereça as condições necessárias ao seu surgimento; outros atribuem um valor pessimista de 1 a cada 1 milhão, já que acreditam que as chances da vida surgir em um planeta ou em uma lua são muitíssimo pequenas).

$f_i = 0,05$ a 1 (Baseado na visão pessimista de que levou muito tempo para a vida inteligente se desenvolver na Terra e na visão otimista de que, uma vez que a vida primitiva surge, ela evoluirá, sem dúvida, para uma forma inteligente).

$f_c = 1$ (Esse valor é adotado pelo simples fato de que, uma vez que se tem uma forma de vida inteligente, tal como a nossa, é provável que ela desenvolva capacidades de se comunicar através de distâncias interestelares).

L = 300 a 10 mil anos (Esse é o mais duvidoso dos valores porque não temos base alguma para fazer uma estimativa confiável – mesmo a única civilização tecnológica que se conhece vem se comunicando por ondas de rádio há apenas cem anos. Será que a nossa civilização durará um milhão de anos, ou será que, em um futuro próximo, seremos responsáveis pela nossa própria destruição?).

Pois bem, multiplicando as sete variáveis, podemos obter dois valores para N: 1 ou 30 mil.

Esses números mostram apenas o que já sabemos: que, por um lado, estamos sozinhos, ou que, por outro, existe uma quantidade enorme de planetas com formas inteligentes de vida capazes de se comunicar conosco. A equação de Drake é apenas uma forma matemática de dizer "nós não sabemos".

Mesmo que haja seres inteligentes lá fora, será que eles desenvolveriam tecnologias que, uma vez elaboradas, seriam utilizadas para enviar mensagens a seres inteligentes? A psicologia humana não serve de referência para sabermos se não humanos se interessariam tanto quanto nós em procurar vizinhos inteligentes na nossa galáxia.

Veja também:
EXTRATERRESTRES INTELIGENTES, p. 100.

Os campos eletromagnéticos e a saúde

A paranoia das linhas de transmissão de energia e a mania dos telefones celulares

Todo aparelho elétrico ou eletrônico produz algum tipo de campo eletromagnético.

Ondas de rádio, micro-ondas, luz visível, radiação infravermelha e ultravioleta, raios X e raios gama são, sem exceção, formas de radiação eletromagnética e parte do espectro eletromagnético. Todas possuem velocidade igual à da luz (no espaço vazio, mas muito menor quando transmitidas por algo como um fio) e se comportam da mesma maneira que ela. Diferenciam-se umas das outras pela frequência, que é medida em hertz (ciclos por segundo). A gama de frequências é vasta e varia de 30 hertz a mais de 300 exahertz (um exahertz é um número enorme: 1 seguido de 18 zeros).

As ondas eletromagnéticas são classificadas, essencialmente, em ionizantes e não ionizantes. As ondas consistem de pequenas partículas chamadas fótons e a sua energia aumenta à medida que a frequência de uma onda aumenta. Fótons de luz ultravioleta, raios X e raios gama carregam energia suficiente para remover um elétron de um átomo ou de uma molécula. Esse processo é conhecido como ionização. A luz ultravioleta, os raios X e os raios gama são radiações ionizantes e, devido à sua alta energia, são capazes de penetrar células vivas e causar danos ao DNA. É recomendável, portanto, limitar a exposição às fontes de radiação ionizantes.

Os fótons de ondas de rádio, micro-ondas, luz visível e radiação infravermelha têm baixa energia e são incapazes de causar danos a células ou moléculas. Todo mundo está exposto a essa radiação não ionizante, e a exposição aumenta à medida que a tecnologia avança. Radiações não ionizantes oferecem pouco risco à saúde, mas especialistas médicos alertam que a exposição a ondas de rádio, se muito intensa, pode causar danos ao sistema nervoso. Micro-ondas com frequências abaixo de 3 mil megahertz podem penetrar em camadas exteriores da pele e resultar em queimaduras, cataratas e, possivelmente, morte.

Nos últimos anos, manchetes de notícias vêm dando destaque à relação entre o câncer e o uso de telefones celulares ou a circunstância de morar próximo a linhas de transmissão de energia. Analisemos os fatos.

As linhas de transmissão

Existem ambos os campos, elétrico e magnético, próximo a linhas que transmitem eletricidade e aos aparelhos eletrodomésticos. Em residências e escritórios, os dois campos dependem da distância das linhas de transmissão, da configuração e do posicionamento da fiação elétrica e da quantidade e do tipo de aparelho elétrico em uso. A eletricidade é transmitida a uma frequência de 50 ou 60 hertz, e os campos eletromagnéticos associados a essas frequências (e às de até 300 hertz) são classificados como campos de frequência extremamente baixa (ELF, em inglês). A energia dos fótons, nessas frequências, é baixa demais para interagir com átomos ou moléculas de maneira significativa.

Segundo a Organização Mundial de Saúde, "não há evidências claras de que a exposição a campos de frequência extremamente baixa cause danos diretos a moléculas orgânicas, entre elas as que formam o DNA". Não há razão para se assustar com os riscos à saúde oferecidos pelas linhas de transmissão. Mais prejudicial à saúde é a forma como se vê as linhas de alta tensão: elas têm o poder de arruinar a paisagem, provocando tensão psicológica.

Os telefones celulares

Nenhum aparelho eletrônico está tão difundido quanto o telefone celular: existem, mais ou menos, 5 bilhões de telefones celulares em uso no mundo. A frequência das emissões dos telefones celulares varia de cerca de 450 a 2.700 megahertz (ondas eletromagnéticas abaixo de 1.000 megahertz são ondas de rádio; acima, são micro-ondas). Ao contrário dos fornos micro-ondas, sua potência máxima varia de 0,1 a 2 watts apenas, muito pouco para cozinhar o tecido humano.

Além disso, um telefone celular só transmite energia quando está ligado, e tanto a potência quanto a frequência diminuem rapidamente à medida que a distância ao telefone aumenta.

De acordo com a Organização Mundial de Saúde, "durante as últimas duas décadas, uma quantidade grande de estudos foi realizada para avaliar se os telefones celulares oferecem um risco potencial à saúde. Até hoje, não há qualquer evidência de efeitos adversos à saúde causados pelo uso do telefone celular". No entanto, a organização alerta, "a pesquisa revelou que o risco de acidentes de trânsito é maior quando os motoristas usam o telefone celular (tanto com ele na mão quanto com as mãos livres) enquanto dirigem".

Os efeitos de longo prazo do uso do telefone celular continuam sendo avaliados. Mesmo que existam, é provável que sejam desprezíveis. Assim sendo, preocupar-se com os telefones celulares causaria apenas tensão psicológica, o que, por sua vez, tem um potencial maior de alterar o DNA e causar câncer do que o telefone celular em si.

Impulsionando espaçonaves fictícias

No início do século XX, quando o elétron e o próton eram as únicas partículas fundamentais conhecidas, os físicos muitas vezes se perguntavam por que os elétrons eram sempre negativos e os prótons positivos se as leis da física eram um tanto quanto simétricas em relação a cargas.

Em 1928, Paul Dirac, o talentoso físico teórico inglês, previu que o elétron teria uma contraparte de carga positiva: "Essa contraparte seria um novo tipo de partícula, desconhecida pela física experimental, com massa igual e carga contrária à do elétron. Podemos chamar tal partícula de antielétron".

Na teoria de Dirac, a simetria entre cargas positivas e negativas exigia também um antipróton. Em um primeiro momento, os cientistas se mostraram céticos em relação à ideia de antielétrons e antiprótons, mas a descoberta do antielétron (hoje conhecido como "pósitron", abreviação de "elétron positivamente carregado") na radiação cósmica, feita pelo físico americano Carl Anderson em 1932, comprovou a previsão audaciosa de Dirac. Vinte e três anos depois, cientistas da Universidade da Califórnia, em Berkeley, criaram o antipróton em um acelerador de partículas. Sabemos hoje que toda partícula fundamental possui uma antipartícula – uma cópia especular com a mesma massa, mas de carga oposta. A ideia de antipartículas é, atualmente, aplicada também aos átomos – ou seja, em contraposição aos átomos, temos os antiátomos, que constituem a antimatéria.

Quando a antimatéria e a matéria convencional se encontram, uma aniquila a outra, e ambas desaparecem em uma violenta explosão. A massa, conforme descrito pela famosa equação de Einstein $E = mc^2$, na qual E é a energia, m é a massa e c é a velocidade da luz, é então convertida em energia. A quantidade de energia liberada pela aniquilação matéria-antimatéria é incrível: em uma colisão entre prótons e antiprótons, a energia por partícula é quase 200 vezes maior do que a disponível em uma bomba de hidrogênio.

Se a matéria e a antimatéria se aniquilam, não há probabilidade de que exista antimatéria na Terra, ou mesmo no Sistema Solar. O vento solar – um jorro de partículas carregadas, lançado pelo Sol em todas as direções – aniquilaria a antimatéria. Alguns cientistas especulam que a antimatéria poderia existir em áreas distantes do universo, mas, até agora, eles não encontraram evidência alguma. No entanto, isso não os impediu de criar a antimatéria no laboratório.

No começo de 1996, uma equipe de cientistas do CERN, o Centro Europeu de Pesquisa Nuclear, localizado em Genebra, fez exatamente isso. Por aproximadamente 15 horas, eles fizeram com que um jato de xenônio cruzasse um feixe de antiprótons. Colisões entre antiprótons e núcleos de xenônio produziram elétrons e pósitrons. Em seguida, esses pósitrons se combinaram a outros antiprótons no feixe para formar o anti-hidrogênio, o mais simples dos antiátomos. Os cientistas conseguiram detectar nove átomos de anti-hidrogênio.

O hidrogênio é o mais simples (seu núcleo possui um único próton orbitado por apenas um elétron) e o mais abundante (constitui quase 75% de todo o universo) dos 118 elementos químicos que conhecemos. Um átomo de anti-hidrogênio seria formado por um pósitron em órbita ao redor de um único antipróton. Os cientistas do CERN vêm sintetizando, desde 1996, com regularidade, átomos de anti-hidrogênio, mas esses antiátomos duram apenas cerca de 40 bilionésimos de segundo, antes de se destruírem por meio de colisões com partículas de matéria convencional.

Agora que a existência da antimatéria foi comprovada experimentalmente, fica a pergunta: qual a sua utilidade? Como a aniquilação matéria-antimatéria cria quantidades enormes de energia, é tentador olhar para a antimatéria como uma potencial fonte energética. Essa energia poderá, um dia, servir de combustível para viagens interestelares, da mesma forma que a aniquilação matéria-antimatéria fornece energia à espaçonave fictícia *Enterprise* da série de televisão *Star Trek*. A quantidade de antimatéria necessária para a realização de viagens espaciais é incrivelmente pequena. Algumas centenas de microgramas bastariam para levar uma nave espacial até Júpiter, e a viagem de ida e volta levaria apenas um ano. Contudo, há um problema. Os métodos utilizados atualmente para produzir antipartículas necessitam de uma quantidade de energia muito maior do que aquela produzida por reações matéria-antimatéria.

Se você acha muito improvável a ideia de produzir energia a partir de antimatéria, então o que dizer sobre a ideia de um antiuniverso – um universo paralelo ao nosso? Entre nele e você encontrará a sua contraparte feita de antimatéria: o antivocê. Não se apertem as mãos – isso aniquilaria os dois. Será que seria seguro entrar em um mundo feito de MATÉRIA "ESPELHO"? (p. 128).

A PSICOLOGIA EVOLUCIONISTA

Será que a evolução pode explicar o pensamento e o comportamento humanos?

No final da sua obra-prima, *On The Origin Of Species* (1859) [*A origem das espécies*], Charles Darwin declarou que "no futuro distante... a psicologia será baseada em um fundamento novo".

Mal sabia ele que, um dia, os psicólogos escolheriam a sua teoria evolutiva para argumentar que tudo, da suposta aversão das crianças ao espinafre até o crime de estupro, vem dos nossos antepassados da Idade da Pedra.

Nos anos 1990, mais de 140 anos depois da publicação da extraordinária obra, a psicologia evolucionista finalmente consolidou-se como uma disciplina estabelecida. Essa controversa "ciência" alega ser capaz de explicar todos os aspectos do nosso comportamento, nossas emoções e nossas crenças em termos de processos evolutivos biológicos. Se os nossos corpos evoluíram, por que não as nossas mentes? Contudo, em livros como *Alas, Poor Darwin: Arguments Against Evolutionary Psychology* (2000) [Ai, pobre Darwin: argumentos contrários à psicologia evolucionista, tradução livre], os críticos dizem que as extraordinárias alegações da psicologia popular se baseiam em evidências empíricas duvidosas e em premissas equivocadas. Nas mãos de alguns psicólogos evolucionistas, Darwin vem tomando o lugar de Karl Marx e Sigmund Freud como o grande intérprete da existência humana.

Observemos algumas das afirmações feitas a respeito da evolução da mente humana. Na revista *Scientific American* (janeiro de 2009), David J. Buller, professor de filosofia da Universidade do Norte de Illinois (EUA), aponta quatro equívocos da assim chamada, por ele, "psicologia evolucionista popular":

O primeiro equívoco é o de que uma análise dos problemas de adaptação enfrentados pelos nossos antepassados da Idade da

Pedra, como a competição por alimentos ou parceiros, oferece indícios sobre a configuração da mente. Buller rejeita essa noção dizendo que, por não termos conhecimento das características psicológicas dos nossos antepassados, não podemos saber ao certo de que forma a evolução modificou essas características para criar a mente que temos hoje.

O segundo é o de que sabemos, ou somos capazes de descobrir, por meio da psicologia evolucionista, de que maneira a linguagem evoluiu. Buller responde que é preciso entender as funções adaptativas que a linguagem cumpria entre os seres humanos primitivos, funções sobre as quais possuímos pouca evidência.

O terceiro é o de que seres humanos modernos conservam mentes da Idade da Pedra. Buller objeta que, assim como os seres humanos vêm, desde a Idade da Pedra, passando por mudanças fisiológicas, o mesmo acontece com as suas mentes.

O quarto é o de que informações reunidas por psicólogos evolucionistas fornecem evidências claras para argumentos como os de que o ciúme, na essência, é diferente em homens e mulheres. Buller descarta essas evidências, considerando-as pouco conclusivas, e diz que ambos os sexos talvez possuam o mesmo mecanismo, porém respondem de maneira distinta quando se vêm diante de diferentes tipos de ameaça ao relacionamento.

O pobre Darwin (a propósito, ele se encontra sepultado com honras na Abadia de Westminster e deixou para trás um legado que, na moeda atual, vale milhões de dólares) reuniu uma quantidade imensa de evidências antes de chegar à sua revolucionária teoria. Alguns comportamentos humanos podem ter um fundamento darwiniano, mas a psicologia evolucionista continuará sendo um campo duvidoso enquanto não tiver preenchido os requisitos da demonstração factual exigida pela ciência.

PERCEPÇÃO EXTRASSENSORIAL

A percepção inacreditável

O romance de Dan Brown *O símbolo perdido* (2009), que vendeu milhões de exemplares, fez com que "noética" se tornasse um termo popular; a palavra vem do grego *nous*, "conhecimento interno".

No início dos anos 1970, o astronauta americano Edgar Mitchell criou o termo "ciências noéticas" e fundou o Instituto de Ciências Noéticas (IONS, em inglês) para estudar fenômenos paranormais. Acredita-se que Mitchell, enquanto participava da missão lunar Apollo 14, teria conduzido experimentos telepáticos com amigos que estavam na Terra.

Paranormal significa além do normal; o termo vem do prefixo grego "para", que quer dizer "além de". Os poderes paranormais são, em geral, divididos em duas modalidades: percepção extrassensorial (PES) e TELECINESIA (p. 168). Os parapsicólogos que estudam esses supostos fenômenos usam o termo "psi" (do grego *psyche*, "mente") para se referir tanto à PES quanto à telecinesia; e os "sensitivos" são aqueles supostamente dotados de poderes paranormais.

Como se tornar um "sensitivo"? Algumas pessoas acreditam ter nascido com poderes psíquicos. Algumas alegam ter adquirido esses poderes após um acidente ou um evento traumático. Outras tentam aprendê-los.

Aqueles que não são "sensitivos" experimentam o mundo por meio de cinco sentidos: visão, audição, tato, paladar e olfato. Nossa percepção normal é limitada pelos nossos sentidos. Nossa audição, por exemplo, é limitada a frequências que variam de 20 a 20 mil hertz (ciclos por segundo), e nossa visão, por sua vez, é limitada a ondas que variam de 400 a 700 nanômetros.

A percepção extrassensorial, uma vez que é supostamente adquirida sem o uso dos cinco sentidos habituais, não possui tais limitações. Esse sentido extra pode ser a capacidade de: (1) duas mentes se comunicarem por meio de um canal desconhecido (telepatia); (2) estar ciente de um objeto ou de um evento desconhecido (clarividência); (3) ter conhecimento de eventos futuros (precognição); e (4) ter conhecimento de eventos passados (regressão).

Após décadas de pesquisa, os parapsicólogos sequer são capazes de explicar como a percepção extrassensorial funciona. Assim como muitos teóricos mistificadores tentam, hoje, encontrar evidências na mecânica quântica, alguns parapsicólogos, como era de se esperar, procuram relacionar a PES ao conceito da não localidade quântica. Imagine que este livro se encontra sobre uma mesa à sua frente. Para movê-lo, precisamos tocá-lo. Somos capazes apenas de produzir efeito sobre objetos que podemos tocar. Experimentamos o mundo como local. A descoberta da gravidade, feita por Newton, introduziu a ideia de ação a distância, ou o que chamamos de não localidade clássica. No universo quântico, a não localidade ou ação a distância está vinculada ao emaranhamento quântico (TELETRANSPORTE, p. 195), fenômeno no qual ocorre, de algum modo, transferência de informações entre duas partículas. Segundo os parapsicólogos, nossas mentes são objetos físicos e por isso podem ser descritas pela teoria quântica. Em outras palavras, assim como entre duas partículas quânticas, informações podem ser transferidas de uma mente para outra. A telepatia, portanto, pode ser explicada como uma conexão quântica. Soa convincente, mas há uma inconsistência grave nesse argumento: nosso cérebro é caótico demais para preservar o estado instável conhecido como coerência quântica, o que contradiz o emaranhamento quântico.

Será a percepção extrassensorial um fato ou uma fantasia? A ciência é incapaz de comprová-la ou refutá-la. Alguns argumentam que, se a PES pudesse ser fundamentada em evidências empíricas, deixaria de ser um fenômeno paranormal. Por acaso há algum "sensitivo" por aí que vem ganhando seguidamente na loteria? Ninguém jamais conseguiu dar uma espiada no futuro. Até que pesquisadores imparciais consigam demonstrá-la de maneira convincente a percepção extrassensorial continua sendo algo inacreditável.

O ROSTO SOBRE A SUPERFÍCIE DE MARTE

Desmascarado!

A ideia de que existe vida inteligente em Marte surgiu, na realidade, em 1877, quando a Terra se encontrava em "oposição favorável" a Marte – ou seja, suas órbitas os haviam colocado a uma distância mínima um do outro – algo que acontece, em média, a cada 30 anos.

O astrônomo italiano Giovanni Schiaparelli observou que a superfície marciana era entrecortada por uma rede de, mais ou menos, cem linhas. Em 1879 e 1881, ele as viu novamente. Chamou-as de *canali*, termo italiano que poderia ser traduzido para o inglês como *channels* (canais naturais, leitos de rios) ou *canals* (canais artificiais, construídos pelo homem). Quase invariavelmente, *canali* era traduzido como *canals*, implicando, assim, uma origem artificial. A ideia de que estruturas em grande escala, como essas, eram artificiais, acabou levando a especulações extravagantes sobre a existência de vida inteligente em Marte (veja VIDA EM MARTE, p. 119).

Um século depois, essas especulações se tornaram muito mais extravagantes. Em 1976, a NASA publicou uma foto tirada pela sonda espacial Viking, que girava em órbita ao redor do planeta vermelho, a uma distância de 1.860 quilômetros, fotografando possíveis locais de aterrissagem. A figura granulada apresentava uma vaga semelhança com um rosto humano. A fim de cativar o público e atrair atenção para as suas missões em Marte, a legenda tomava certa liberdade poética: "A enorme formação rochosa... que faz lembrar uma cabeça humana... formada por sombras que criam a ilusão de olhos, nariz e boca". O rosto sobre a superfície de Marte logo se tornou um ícone *pop* e deu origem à lenda urbana de que era prova da existência passada de vida inteligente em Marte. Em 1987, Richard C. Hoagland, um jornalista científico americano, argumentou em seu livro, *The Monuments of Mars: A City on the Edge of Forever* [Monumentos de Marte: uma cidade à beira do infinito, tradução livre], que o rosto de Marte, localizado perto de uma cidade em ruínas cujos "fortes" e "pirâmides" ainda podiam ser vistos, era a escultura de um ser humano. Tal como Stonehenge, estava alinhado com o ponto no qual o Sol havia nascido no solstício, no planeta marciano, há cerca de 500 mil anos, quando o gigantesco rosto foi construído. O livro de Hoagland continua em catálogo e propagando o mito.

A NASA conta uma história diferente. Em 2001, a sonda espacial Mars Global Surveyor obteve a primeira fotografia de alta resolução do rosto de Marte. "Na imagem de 2001, cada pixel representa 1,56 metros; em contrapartida, na melhor das imagens de 1976, obtida pela Viking, cada pixel representa 43 metros", afirma a NASA. Na verdade, o que a imagem mostra é o equivalente marciano de formações geológicas comuns na região oeste dos Estados Unidos. No rosto sobre a superfície de Marte, que tem 3 quilômetros de comprimento e 240 metros de largura, não há olhos, nariz ou boca. Trata-se do resultado da erosão nas rochas desse planeta, não de seres extraterrestres.

Lendas urbanas não se extinguem facilmente. Uma declaração no site atual da NASA admite: "Algumas pessoas pensam que o rosto de Marte é uma prova genuína da existência de vida no planeta vermelho – prova essa que, segundo os teóricos da conspiração, a NASA preferiria esconder. Entretanto, os defensores do orçamento da NASA gostariam muito que tivesse existido uma antiga civilização em Marte". Todo mundo adora extraterrestres.

Imagem de alta resolução do suposto rosto sobre a superfície de Marte obtida pela sonda espacial Mars Global Surveyor, em 2001. Foto granulada (canto esquerdo de cima) que deu início à controvérsia marciana, tirada pela sonda espacial Viking, em 1976.
(As fotos são cortesia da NASA.)

A Terra plana
Ninguém nunca caiu de sua borda

Quando descobriu a América, Cristóvão Colombo provou que a Terra é redonda; antes de sua audaciosa viagem de 1492, as pessoas acreditavam que a Terra era plana e que, ao navegar, ele acabaria caindo de sua borda.

Mais de cinco séculos depois, essa falácia histórica continua firmemente estabelecida na consciência do público.

Pitágoras, o matemático grego do século VI a.C. (famoso pelo seu teorema), foi o primeiro a afirmar que a Terra é um globo. No século II, Cláudio Ptolomeu, o último dos grandes cientistas gregos, forneceu inúmeras razões para sustentar essa visão, mas, dentre elas, a mais criativa era a de que se a Terra fosse plana, o Sol teria de nascer ou se pôr à mesma hora, independente da região em que se estivesse. Ele provou que, à medida que a longitude mudava, as horas do nascer e do pôr do Sol variavam muito. Além disso, Ptolomeu desenhou mapas utilizando técnicas de projeção que substituíram mapas usados pelos geógrafos antigos.

Quando Colombo viu o mapa do mundo conhecido na época, desenhado por Ptolomeu, imaginou que podia chegar ao Oriente navegando em direção ao Ocidente. Ele sabia que a Terra era redonda; esperava que a sua circunferência não fosse tão grande a ponto de não conseguir alcançar as Índias antes de seus navios ficarem sem comida e água potável. Colombo deduziu a circunferência baseando-se na estimativa equivocada de Ptolomeu. Ao contrário do que pretendia, Colombo acabou na América, pensando que se tratava das Índias.

Se, após a viagem de Colombo, ainda restava alguma dúvida na mente de qualquer pessoa a respeito da esfericidade da Terra, ela deveria ter diminuído quando, em 1519, Fernão de Magalhães circum-navegou o globo, e desaparecido por completo quando, em 1969, as primeiras imagens da Terra feitas do espaço foram publicadas.

Entretanto, ainda neste século, há muitas pessoas que acreditam, genuinamente, que a Terra é plana – um disco de cerca de 9 mil quilômetros de profundidade que se estende horizontalmente até o infinito. A teoria da Terra plana continua a existir e a Flat Earth Society [Sociedade da Terra Plana, tradução livre] está fazendo o possível para mantê-la viva, ao menos na internet.

As pessoas que alimentam o mito da Terra plana afirmam que as aterrissagens na Lua realizadas pelas missões Apollo, tal como as imagens da Terra feitas do espaço, foram forjadas. Tudo não passaria de uma grande conspiração para nos manter na ignorância de que a Terra é plana, afirmam, e a simples verdade é que a Terra é plana porque parece ser plana. Só se enfiarem a cabeça na areia!

Veja também A TERRA OCA, p. 96.

Os quatro elementos

O presente de Aristóteles

Tales de Mileto, o filósofo grego do século VI a.C., era considerado pelos seus contemporâneos como um dos sete sábios da Grécia.

Além disso, ele era um entusiasta da astronomia e, em 585 a.C., previu um eclipse solar. Certa noite, enquanto caminhava contemplando o céu, ele caiu em uma vala. Uma garota esperta e bonita o ajudou a se levantar e, com ironia, observou: "Eis um homem que quer estudar as estrelas, mas não consegue ver o que está diante dos seus pés". Esse incidente deu origem à figura típica do filósofo (ou professor) distraído.

Tales podia até ser distraído, mas suas concepções científicas eram baseadas na observação de fatos, não em mitos, embora vivesse em um mundo onde a mitologia fornecia as respostas para quase tudo. Foi o primeiro a fazer a pergunta: "De que são feitas as coisas?". Sua resposta: tudo no mundo – a terra, o ar e todos os seres vivos – tinha sido, primeiramente, água, e em algum momento voltaria a ser água de novo. O que ele havia proposto era uma teoria sobre a origem das coisas que competia com os mitos criacionistas que eram populares no seu tempo.

Um século e meio depois de Tales, Empédocles, outro filósofo grego, sugeriu que tudo no universo era feito a partir de quatro elementos – terra, água, ar e fogo. Hipócrates, seu contemporâneo e hoje conhecido como "o pai da medicina", baseou sua medicina no equilíbrio desses quatro elementos – a água (fria e úmida), o ar (quente e úmido), o fogo (quente e seco) e a terra (fria e seca); e de quatro humores (fluidos corpóreos) – a fleuma (a água), o sangue (o ar), a bile amarela (o fogo) e a bile negra (a terra).

No século IV a.C., Aristóteles aceitou a hipótese dos quatro elementos e a aprimorou. Ele afirmou que cada um desses elementos se movimentava à sua própria maneira e em uma certa direção: a terra (fria e seca) ia para baixo; o fogo (quente e seco) ia para cima; a água (fria e úmida) ia para cima da terra; e o ar (quente e úmido) ia para cima da água, mas para baixo do fogo.

Aristóteles continua sendo admirado como um grande filósofo, mas, no que se refere à ciência, ele estava errado na maioria das vezes. Ainda assim, suas ideias dominaram o pensamento científico por mais de 2 mil anos e eram aceitas sem questionamentos. Nunca houve outro cientista cujos ensinamentos recebessem, por tanto tempo, uma espécie de reverência divina. Sua teoria dos elementos dominou o pensamento científico até 1661, quando foi superada por Robert Boyle, o químico inglês responsável por estabelecer a química como ciência. Na sua obra mais famosa, *The Sceptical Chymist* [O químico cético, tradução livre], ele rejeitou a teoria dos quatro elementos de Aristóteles e disse que entendia por elementos "certos corpos, simples e primitivos, ou perfeitamente puros". Em outras palavras, os elementos eram os componentes mais simples da matéria, os quais, por sua vez, não podiam ser convertidos em nada mais simples.

Em 1869, o cientista russo Dmitri Mendeleev ordenou os 66 elementos conhecidos à época por seu peso atômico (hoje conhecido como massa atômica relativa), e batizou esse sistema de tabela periódica. A tabela periódica moderna possui 118 elementos. Eles não estão ordenados pelo peso atômico, mas por uma medida muito mais fundamental: o número atômico (o número atômico de um elemento é o número de prótons presentes no núcleo de um dos seus átomos).

O legado de Aristóteles continua vivo no termo "os elementos", que se refere ao clima, em especial ao vento e à chuva.

GEOCENTRISMO

Nem ciência, nem religião

Primeiro, uma breve história do geocentrismo (a ficção de que a Terra é o centro do universo, em oposição ao fato, demonstrado pela teoria heliocêntrica, de que a Terra e os demais planetas giram em torno do Sol estacionário).

Cláudio Ptolomeu (90-170 d.C.), o último dos grandes cientistas gregos, resumiu o trabalho dos astrônomos gregos que o antecederam e o enriqueceu com os resultados de suas próprias ideias e observações. No entanto, o astucioso matemático e astrônomo não conseguia se desvencilhar da grandiosa (e equivocada) ideia de Aristóteles de que os objetos pesados caem em direção ao centro do cosmo mais rapidamente do que os leves. Caso não estivesse no centro do universo, afirmava Ptolomeu, a Terra cairia em sua direção. Além disso, a Terra, por ser muito pesada, cairia mais rapidamente do que as coisas sobre ela, deixando tudo flutuando no espaço. Por essa razão, ele colocou a Terra no centro do universo.

Após Ptolomeu, a Europa começou a afundar na Idade das Trevas, e a Igreja Católica, cuja influência se expandia rapidamente, aceitou essa hipótese sem qualquer restrição. Ao longo de catorze séculos, ninguém ousou desafiar a doutrina da Igreja: nós, seres humanos, e o planeta no qual vivemos, estamos no centro da criação divina. Muito zelosamente, a Igreja faria uso, inúmeras vezes, dessa doutrina para silenciar a ciência.

No século XVI, o astrônomo polonês Copérnico rejeitou essa noção antiga e generalizada. Em contrapartida, declarou que a Lua girava em torno da Terra e que ambas giravam juntas em torno do Sol.

Copérnico terminou seu livro, *De Revolutionibus Orbium Coelestium* (*Sobre a revolução das esferas celestes*), que fundou, em meados de 1530, a astronomia moderna, mas decidiu não publicá-lo. Ele sabia que o livro, por tirar o homem do centro da criação divina, seria apreendido e destruído pela Igreja. Contudo, suas ideias tinham se tornado conhecidas. As pessoas teimosas e ignorantes apenas as ridicularizavam; as pessoas instruídas, especialmente líderes religiosos, estavam cheios de maldade. Martinho Lutero o acusou de ser "um astrólogo arrogante, um tolo que queria virar a ciência astronômica inteira de cabeça para baixo". João Calvino citou contra ele o Salmo 93, considerando-o uma autoridade astronômica superior: "O Senhor estabeleceu o mundo; ele jamais será movido", e perguntou: "Quem se atreverá a pôr a autoridade de Copérnico acima da do Espírito Santo?".

Copérnico passou a vida toda angustiado. Seus esforços para convencer a Igreja da verdade foram em vão. Bem no final da sua vida, seu pupilo e amigo Georg Rheticus levou o manuscrito para Nuremberg, na Alemanha, e imprimiu cerca de 600 cópias. O primeiro exemplar do livro impresso foi enviado para a Polônia, onde Copérnico vivia. Ele chegou lá algumas horas antes da sua morte, causada por paralisia cerebral em 24 de maio de 1543. O exemplar foi colocado em suas mãos. O maior astrônomo da sua época morreu sem saber que seu livro, um monumento de genialidade científica, havia sido publicado.

O livro era contrário à Bíblia, que dizia: "Sol, fique parado sobre Gibeão!" (Josué 10,12), mas era tarde demais para a Igreja fazer qualquer coisa a respeito. A Igreja declarou, como era de se esperar, que se tratava de "uma doutrina pitagórica falsa, contrária às Sagradas Escrituras", baniu o livro e colocou-o em sua lista de livros proibidos. Era tarde demais; o livro havia desferido o golpe final no universo geocêntrico de Ptolomeu.

Alguma décadas depois, o frade dominicano Giordano Bruno foi queimado na fogueira e o grande Galileu foi aprisionado em sua casa. O crime deles? Defender com zelo as visões heréticas de Copérnico. A astronomia, no entanto, jamais voltaria a ser o que era antes.

É incrível que ainda haja pessoas que rejeitam teorias científicas bem estabelecidas e acreditam que a Terra não se move de maneira alguma. O geocentrismo moderno teve início em 1967 quando Walter van der Kamp, um professor holandês, distribuiu um artigo para alguns indivíduos e organizações cristãs no qual defendia a doutrina de que a Terra é o centro da criação. Em 1971, Kamp fundou a Tychonian Society, assim batizada em homenagem a Tycho Brahe, o famoso astrônomo dinamarquês do século XVI que divergiu da teoria de Copérnico e aceitou, sem questionamentos, o dogma de que a Terra ficava parada no centro do universo ("O Sol", ele declarava, "é o líder e o rei que coordena toda a harmonia da dança planetária"). *The Bulletin of the Tychonian Society* [O Boletim da Tychonian Society, tradução livre] se dedicava à defesa de um universo geocêntrico e publicava artigos sobre a história e a filosofia do geocentrismo, assim como argumentos científicos a seu favor.

Em 1991, a Tychonian Society se reorganizou sob o nome de Association for Biblical Astronomy [Associação em favor da Astronomia Bíblica, tradução livre] e o seu boletim passou a se chamar The Biblical Astronomer [O Astrônomo Bíblico, tradução livre]. O website oficial do geocentrismo afirma: "Entre todas as ciências, a Bíblia Sagrada tem mais a dizer sobre a astronomia do que qualquer outra... este site é dedicado à relação histórica entre a Bíblia e a astronomia. Ele parte do princípio de que, toda vez que as duas estão em desacordo, é sempre a astronomia... que está errada. A história atesta de forma consistente a veracidade deste posicionamento."

A base da crença dos defensores modernos do geocentrismo é a interpretação literal da Bíblia. Eles podem até se considerar os líderes de uma união mal concebida entre a ciência e a religião, mas a ciência não busca evidências para as suas teorias na religião, e a religião não precisa ter as suas crenças aprovadas pela ciência.

Veja também A TERRA PLANA, p. 86.

GRAFOLOGIA

A caligrafia como expressão da personalidade

Será que a nossa assinatura rabiscada ou a maneira como colocamos os pingos nos "i"s ou fazemos as barras dos "t"s revela algo sobre a nossa personalidade? Os defensores da grafologia respondem enfaticamente que "sim", mas não há evidências empíricas que justifiquem essa afirmação.

A grafologia (análise da caligrafia) é o estudo que examina a caligrafia de um indivíduo para determinar características da sua personalidade. Ela não deve ser confundida com a análise de documentos, por meio da qual os especialistas forenses investigam documentos para determinar a sua autenticidade.

A grafologia, que tem uma longa história, baseia-se na premissa de que a caligrafia de uma pessoa é influenciada pelo seu subconsciente. Interpretando-a corretamente, é possível obter informações sobre a personalidade do indivíduo, suas características, atitudes, valores e habilidades mentais. Entre as coisas que os grafólogos observam na caligrafia de uma pessoa estão: a pressão exercida pela caneta sobre o papel, a disposição dos elementos na página, o espaçamento entre palavras e letras, os laços, o acabamento e a inclinação das letras, os pingos dos "i"s e as barras dos "t"s, a velocidade da escrita e a consistência do estilo.

Quase todos os estudos aprofundados mostram que não há relação entre a caligrafia e a personalidade, e que a grafologia não pode ser considerada como uma auxiliar útil da psicologia. Contudo, pesquisadores da Universidade de Haifa argumentam que escrever com traços longos e exercer muita pressão sobre o papel poderia fazer parte da relação de sinais que indicam que alguém pode estar mentindo. Analisando essas propriedades físicas na caligrafia dos estudantes, os pesquisadores afirmam ter sido possível dizer se o que eles estavam escrevendo era ou não verdade. "Mentir exige mais recursos cognitivos do que ser sincero; é preciso inventar uma história, garantir que não haja contradições", argumentam os pesquisadores. "Qualquer tarefa realizada de forma simultânea, portanto, se torna menos automática. Sensores de pressão instalados no tampo das mesas dos estudantes demonstraram esse efeito na sua escrita, que se tornava mais penosa quando contavam lorotas." Esse estudo não isenta a grafologia de ser acusada de mentir; ela continua sendo tão fictícia quanto a ASTROLOGIA (p. 30), a QUIROMANCIA (p. 146) e a FRENOLOGIA (p. 155).

A GRANDE MURALHA DA CHINA

O mito da Lua

Será que daria para ver da Lua a Grande Muralha da China?

Em 1938, muito antes do advento das viagens espaciais, o aventureiro e intrépido viajante Richard Halliburton afirmou em seu livro, *Second Book of Marvels: Orient* [O segundo livro das maravilhas: o Oriente, tradução livre], que a Grande Muralha é a única construção humana que pode ser vista da Lua a olho nu. Foi isso que deu início ao famoso mito urbano.

Segundo o astronauta da NASA Alan Bean, a única coisa que pode ser vista da Lua é uma belíssima esfera, quase toda branca (as nuvens), com um pouco de azul (os oceanos), pedaços amarelos (os desertos), e de vez em quando um pouco de vegetação verde. Da janela de uma espaçonave girando em redor da Terra em uma altura baixa, se souberem para onde olhar e as condições do tempo forem favoráveis, é possível ver a Grande Muralha, a Grande Pirâmide de Gizé e muitas outras construções humanas. Nenhuma construção artificial pode ser vista da janela da Estação Espacial Internacional, que gira em redor da Terra a uma altitude de aproximadamente 360 quilômetros; entretanto, quem é bom em geografia talvez consiga localizar, durante o dia, grandes cidades como Londres, Nova York e Pequim.

A primeira fotografia da Terra feita de Marte mostra o nosso planeta, belíssimo e azul, contra a escuridão profunda do espaço. A foto foi tirada em 2003 pela sonda espacial Mars Global Surveyor a uma distância de 139 milhões de quilômetros. A fotografia mais famosa da Terra foi feita em 1990 pela sonda espacial Voyager dos confins do Sistema Solar, a uma distância de 6,4 bilhões de quilômetros. No seu livro *Pale Blue Dot: A Vision of the Human Future in Space* (1994) [*Pálido ponto azul: uma visão do futuro da humanidade no espaço*, Companhia das Letras, 1996], Carl Sagan usou a foto como uma metáfora da insignificância do nosso mundo em comparação com o universo. A uma distância de cem ou mais anos-luz, os extraterrestres só veriam o "pálido ponto azul" no seu céu caso possuíssem telescópios óticos extremamente potentes.

A TERRA OCA
Alienígenas nas profundezas

A ideia de que a Terra possui um interior oco foi proposta como uma teoria científica, pela primeira vez, em uma reunião da prestigiosa Real Sociedade de Londres, em 1691, pelo astrônomo inglês Edmond Halley (famoso por ter descoberto o cometa que leva seu nome).

Halley, que em 1687 havia ajudado na publicação de *Principia*, de Newton, defendeu que a Terra era formada por quatro esferas: uma esfera externa de 800 quilômetros de espessura, duas esferas internas de diâmetros comparáveis aos de Marte e Vênus, e uma esfera interna e sólida do tamanho de Mercúrio. Ele sugeriu também que a atmosfera entre as duas esferas internas era luminosa e que, portanto, elas eram capazes de abrigar vida. Em 1716, quando uma brilhante auróra boreal (um belíssimo espetáculo de luzes coloridas que ocorre nos céus do extremo norte) foi avistada, Halley pensou que ela tinha sido provocada por gases luminosos que haviam escapado das camadas internas por meio de um buraco no Polo Norte. Evidentemente, a aurora austral (espetáculo semelhante que ocorre nos céus do extremo sul) era desconhecida por ele, já que a Austrália ainda não havia sido descoberta pelos europeus.

No século XVIII, o famoso matemático suíço Leonhard Euler expandiu a ideia de Halley ao sugerir que o interior da Terra era completamente oco, podia ser alcançado por meio de buracos localizados nos Polos Norte e Sul e continha seu próprio Sol com 960 quilômetros de diâmetro.

A ideia tornou-se muito popular em 1913, quando Marshall B. Gardner, um engenheiro americano, publicou um pequeno livro chamado *Journey to the Earth's Interior* [Viagem ao interior da Terra, tradução livre], no qual defendia que o extinto mamute descoberto na Sibéria em 1846 havia vindo do interior da Terra. Os esquimós, conforme indicavam suas lendas, que falavam sobre um lugar aquecido onde a luz do dia era permanente, também eram originários do interior da Terra. Em 1914, o Instituto de Patentes e Marcas dos Estados Unidos aceitou a solicitação de Gardner para patentear a sua teoria da Terra oca.

Em 1930, os nazistas, que acreditavam nas ideias mais absurdas, também aderiram à ideia da Terra oca. Não há provas, mas afirma-se que expedições foram enviadas à Antártida e ao Tibete para encontrar os alienígenas no interior da Terra. E há uma lenda bizarra segundo a qual Hitler e alguns outros nazistas teriam fugido para o interior da Terra oca. Verdadeira ou não, seus restos mortais, agora, sem dúvida nenhuma estão lá.

A realidade geológica, entretanto, não é tão empolgante. Segundo os geólogos, a Terra é formada basicamente por três camadas: (1) a camada externa, chamada de crosta; (2) o manto, uma camada espessa de rocha derretida que separa a crosta do núcleo; (3) o núcleo, que é muito quente e denso e fica cerca de 2.900 quilômetros abaixo da superfície.

Você não encontrará nenhum nazista nem quaisquer outras criaturas extraterrestres no interior da Terra, a não ser que esteja lendo *Viagem ao centro da Terra* (1864), o clássico romance de Jules Verne.

Veja também A TERRA PLANA, p. 86.

HOMEOPATIA

Um avanço médico ou um grande equívoco?

Enquanto traduzia um livro didático de medicina do inglês para o alemão, Samuel Hahnemann, um médico qualificado, ficou intrigado com uma passagem que descrevia o tratamento da malária com quinino.

Naquela época, ninguém sabia como o quinino agia. Hahnemann decidiu testá-lo, ingerindo-o ele mesmo. A substância produziu sintomas muito semelhantes aos da malária. Fascinado por essa descoberta, começou a testar outras substâncias para determinar os tipos de sintomas que elas produziam. A fim de torná-las mais seguras, diluiu-as em álcool. Ficou maravilhado ao descobrir que quanto mais diluída a solução, mais fortes eram os seus efeitos.

A partir de suas limitadas observações, as quais eram baseadas na medicina popular da época, ele formulou a teoria de que "o semelhante cura o semelhante". Para descrever seu método de cura ele inventou, em alemão, o termo homeopatia (do grego *homoios*, "semelhante", e *patheia*, "sofrimento"). Em 1810, detalhou o seu novo sistema médico em seu livro, *Organon der Heilkunst* [*Organon da arte de curar*, Miraguano, 1987], que é usado até hoje como um texto fundamental da homeopatia.

Naquela época, os médicos praticavam uma medicina extremamente invasiva. Quase todos os pacientes tinham de tolerar tratamentos com sanguessugas, eméticos ou purgativos. As pequenas pílulas brancas de açúcar de Hahnemann eram uma benção para eles.

Não há evidências científicas que sustentem o princípio homeopático de que pessoas doentes podem ser tratadas com doses ultradiluídas de um medicamento que, em indivíduos saudáveis, produziria sintomas semelhantes aos da doença. A maioria dos grandes experimentos clínicos vem mostrando, de forma conclusiva, que remédios homeopáticos são tão eficazes quanto os placebos (p. 135). Se eles parecem funcionar, é porque a mente é capaz de influenciar a bioquímica do corpo. O placebo leva a mente a pensar que o problema está sendo tratado.

Os defensores da homeopatia discordam: eles dizem que talvez a homeopatia não aja de uma forma física conhecida, mas utilize forças sobre as quais sabemos muito pouco; independentemente do seu nível de diluição, o medicamento causa algum tipo de alteração nas moléculas de água. É bem provável que eles citem os chamados "resultados homeopáticos de Belfast", que se tornaram muitíssimo conhecidos quando a prestigiosa revista *New Scientist* os incluiu, em 2005, na sua lista das "13 coisas que não fazem sentido". Em 2004, Madeleine Ennis, uma farmacologista da Universidade de Queens, em Belfast, e seus colaboradores conduziram um estudo sobre os efeitos de soluções ultradiluídas de histamina em basófilos, um tipo de glóbulo branco. Em uma reação alérgica, os basófilos produzem histamina, mas, uma vez liberada, a histamina os impede de liberar mais. O estudo de Belfast apresentou o incrível resultado de que soluções altamente diluídas de histamina – tão diluídas que talvez não contivessem uma única molécula da substância – foram capazes de interromper a produção de histamina por parte dos basófilos. Ela argumentou que caso aqueles resultados provassem ser verdadeiros, as implicações seriam profundas: precisaríamos, talvez, reescrever a física e a química.

Não é preciso reescrever nenhum livro didático sobre física ou química, uma vez que todos os esforços para reproduzir, de forma independente, os resultados de Belfast, falharam. Na edição de 2010 da revista *Homeopathy*, Ennis apelou em favor de uma testagem multidisciplinar na esperança de pôr um ponto final nessa "interminável história". A maioria dos cientistas acredita que a história já terminou.

Você mesmo pode responder à pergunta: será que a homeopatia, uma das terapias complementares de maior popularidade, é um avanço médico ou um grande equívoco na história da medicina?

Talvez o cético Rick Spleen (personagem do comediante britânico Jack Dee, na série de televisão da BBC chamada *Lead Balloon*, de 2007) tenha razão quando descreve a homeopatia como um método de "curas imaginárias para enfermidades imaginárias".

EXTRATERRESTRES INTELIGENTES

Por que será que eles não estão aqui?

As recentes descobertas de centenas de planetas além do Sistema Solar fizeram com que a velha pergunta "Será que estamos sozinhos?" se tornasse muito tentadora.

Enrico Fermi, o maior cientista italiano da modernidade, foi obrigado a abandonar a Itália em 1938. Mudou-se para os Estados Unidos onde, em 1942, construiu o primeiro reator nuclear do mundo. No verão de 1950, durante um almoço, Fermi e outros colegas físicos nucleares estavam conversando sobre viagens espaciais. A conversa tomou o rumo da possibilidade de existirem muitas civilizações além das que existem na Terra. Fermi surpreendeu a todos ao fazer a provocativa pergunta: "Se eles estão lá, por que será que não estão aqui?". Esse é o paradoxo de Fermi.

Há diversas explicações para o paradoxo de Fermi: as sérias (segundo o biólogo evolucionista Ernst Mayr, o percurso evolutivo que conduz à vida inteligente é muito mais complexo do que pensamos – se não somos a primeira forma de vida inteligente a ter se desenvolvido na galáxia, ao menos estamos entre as primeiras; de acordo com o astrônomo Carl Sagan, as distâncias intimidadoras do espaço interestelar tornam as viagens espaciais impossíveis... se estamos sozinhos no universo, sem dúvida parece ser um tremendo desperdício de espaço); as bizarras (A HIPÓTESE DO ZOOLÓGICO (p. 223) do astrônomo John A. Ball, que descreve a Terra como um zoológico que pertence a seres galácticos inteligentes – eles estão nos observando a distância); as humorísticas (o escritor de ficção científica Arthur C. Clarke afirma: "Tenho certeza de que o universo está cheio de formas inteligentes de vida – o caso é que elas têm sido inteligentes demais para virem para cá"); e as otimistas (segundo o astrônomo Frank Drake, "eles podem aparecer aqui amanhã").

Em 1853, o cientista inglês William Whewell, uma das primeiras vozes a discutir o tema da vida extraterrestre, disse: "As discussões nas quais estamos envolvidos pertencem aos limites da ciência, às fronteiras nas quais o conhecimento termina e a ignorância começa". Mais de um século e meio depois, suas palavras ainda refletem a realidade quando falamos sobre extraterrestres tecnologicamente desenvolvidos que nos visitaram no passado (OS ANTIGOS ASTRONAUTAS, p. 22) ou que nos apresentaram seus cartões de visitas por meio de ondas de rádio (O SINAL "UAU", p. 219). Pelo menos, a busca por seres extraterrestres inteligentes – quando não a busca por vida extraterrestre microbiana – baseia-se nessa premissa.

Veja também A EQUAÇÃO DE DRAKE, p. 71; OS NANORROBÔS, p. 131.

O *DESIGN* INTELIGENTE

Ciência ou bobagem?

Em 1925, John Scopes, um professor de biologia do ensino médio que tinha, então, 24 anos propôs, aos seus estudantes uma tarefa simples: ler cinco páginas de um conhecido livro didático de biologia a respeito da evolução.

Por ter ensinado a teoria da evolução, ele foi acusado de violar uma lei do estado do Tennessee. A lei, promulgada alguns meses antes, proibia o ensino de qualquer teoria que contrariasse "a Criação Divina do homem conforme ensinada na Bíblia".

O julgamento evolução *versus* criacionismo transformou a pequena e empoeirada cidade mineradora de Dayton em um carnaval. Faixas decoravam a rua. Barraquinhas vendiam soda limonada "Do Macaco" e broches com a frase "Seu pai é um macaco". Chimpanzés foram trazidos à cidade para "testemunhar" a favor da acusação. Cerca de mil pessoas se amontoaram no tribunal. Após sete dias de depoimentos e discussões entre a acusação ("Se a evolução vencer, o Cristianismo se vai") e a defesa ("Não é Scopes que está sob julgamento; é a civilização que está sob julgamento") e oito minutos de deliberações por parte do juiz, Scopes foi considerado culpado e multado em 100 dólares. Um ano depois, a Suprema Corte do estado do Tennessee anulou o veredito e retirou as acusações, concluindo: "Não há nada a ganhar com a continuação desse caso esdrúxulo".

Passados 80 anos, outro "caso esdrúxulo" foi levado à Suprema Corte dos Estados Unidos. Em 2004, o distrito escolar de Dover, na Pensilvânia, instruiu os professores a introduzirem o ensino da evolução com a advertência de que a evolução não é um fato. Em 2005, após um julgamento evolução *versus design* inteligente que durou 40 dias, o tribunal decidiu que o *design* inteligente não é uma teoria científica, mas o criacionismo de sempre sob nova embalagem, e proibiu o distrito "de exigir que os professores denigram ou depreciem a teoria científica da evolução".

Charles Darwin expôs a sua teoria da evolução, pela primeira vez, em 1859, no seu livro *A origem das espécies*, no qual afirmou que todas as espécies atuais, partindo de formas mais simples de vida, evoluíram, por um processo de seleção natural, para formas mais complexas. Os organismos mudaram ao longo do tempo, e aqueles que vivem hoje são diferentes daqueles que viviam antigamente. Muitos organismos que um dia existiram, hoje estão extintos. Em um livro seguinte, *A descendência do homem*, publicado em 1871, Darwin discutiu a ideia de que a evolução dos seres humanos tem sua origem nos primatas.

Muitos estudiosos contemporâneos opuseram-se às ideias de Darwin porque elas eram incompatíveis com a crença religiosa de que todas as espécies foram concebidas por Deus da forma que existem atualmente, e são incapazes de passar por qualquer mudança. No entanto, o movimento do "criacionismo científico", como é conhecido hoje, surgiu nas últimas décadas do século XX. Henry M. Morris, um batista com treinamento em engenharia hidráulica, é geralmente considerado o seu fundador. Em seus livros *That You Might Believe* (1946) [Que você possa acreditar, tradução livre] e *The Bible and Modern Science* (1951) [A Bíblia e a ciência moderna, tradução livre], ele afirmou que o universo foi criado em seis dias e que as características geológicas da Terra e as formas de vida que a habitam podiam ser explicadas pelo dilúvio de Noé. A Terra tinha apenas alguns milhares de anos (não cerca de 4,6 bilhões, conforme os cientistas alegavam) e a evolução, portanto, era impossível. Essas e outras ideias criacionistas foram baseadas em interpretações literais de famosas histórias bíblicas do Gênesis.

Em 1989, a Foundation for Thought and Ethics [Fundação em favor do Pensamento e da Ética, tradução livre], um centro de estudos e pesquisas de orientação cristã sediado no Texas, publicou um livro didático para o ensino médio, intitulado *Of Pandas and People* [Sobre pandas e pessoas, tradução livre], que apresentava o criacionismo sob uma nova embalagem – a do *design* inteligente. Embora seus defensores rejeitem a afirmação de que o *design* inteligente é um criacionismo maquiado, ele continua permeado pelas mesmas inconsistências científicas do criacionismo.

Em poucas palavras, o criacionismo/*design* inteligente sustenta que Deus criou todas as coisas da forma como elas são hoje; elas não partilham de ancestrais comuns. Na sua essência, o mundo que vemos hoje é o mesmo da época em que foi criado. Além disso, como os organismos possuem características complexas e intrincadas – no nível anatômico, celular e molecular – que a evolução não consegue explicar, podemos concluir que elas são resultado do *design* inteligente, não da evolução. Para sustentar esse argumento, os defensores do *design* inteligente citam Darwin, que citou o olho como exemplo de uma estrutura complexa que não poderia ter evoluído. Pesquisas recentes, entretanto, mostram que, em várias famílias de organismos, os olhos evoluíram de forma independente.

Os defensores do *design* inteligente dizem, com frequência, que a evolução é apenas uma teoria. Como teoria, se sai tão bem na explicação de tantas coisas referentes à biologia que, em 1973, Theodosius Dobzhansky, um famoso geneticista evolutivo ucraniano, foi levado a afirmar que nada na biologia faz sentido, exceto à luz da evolução. Uma teoria científica procura explicar, de forma abrangente, alguns aspectos da natureza baseando-se em um conjunto amplo de evidências; ela também faz previsões passíveis de teste sobre fenômenos que ainda não foram observados. A teoria da evolução é baseada em uma imensidão de registros fósseis e inúmeras observações de estruturas e comportamentos de organismos que indicam, nitidamente, que a evolução pode produzir mudanças, significativas ou não, em populações de seres vivos. Um exemplo de evolução em pequena escala é o de que muitas bactérias causadoras de doenças vêm desenvolvendo uma crescente resistência a antibióticos. Ao longo de grandes períodos, a evolução em grande escala pode produzir organismos muito diferentes dos seus ancestrais.

Avanços na biologia moderna, especialmente no que se

refere ao estudo do DNA, não desmereceram, mas, pelo contrário, valorizaram a teoria da evolução. O mesmo não pode ser dito sobre o *design* inteligente.

Não existe conflito entre a religião e a evolução. Segundo Kenneth Miller, um biólogo americano e autor do livro *Finding Darwin's God: A Scientist's Search for Common Ground Between God and Evolution* (2000) [Encontrando o Deus de Darwin: a busca de um cientista por um ponto em comum entre Deus e a evolução, tradução livre], "Os criacionistas procuram por Deus, inevitavelmente, naquilo que a ciência ainda não explicou ou que, segundo eles, não pode explicar. A maioria dos cientistas que são religiosos, por outro lado, procura por Deus naquilo que a ciência compreende e tem sido capaz de explicar".

A PRECE INTERCESSÓRIA

O poder da prece a distância

Muitas pessoas acreditam que a prece intercessória ou prece a distância (prece em nome de outros) ajuda pacientes a se recuperarem de doenças. Até agora, infelizmente, nenhum experimento clínico devidamente controlado corrobora essa crença.

Em rigoroso estudo científico que durou quase uma década, uma equipe de 16 pesquisadores americanos monitorou, em seis hospitais espalhados pelo país, 1.802 pacientes durante 30 dias, após terem passado por uma cirurgia de coração. A equipe avaliou se (1) o recebimento de preces intercessórias ou (2) a certeza de estar recebendo preces intercessórias estava associado a uma recuperação pós-operatória sem quaisquer complicações. Os pacientes foram aleatoriamente *design*ados a um dos três grupos seguintes:

- Grupo 1 (com prece, mas inseguros): 604 pacientes receberam preces intercessórias após serem comunicados que poderiam ou não recebê-las.
- Grupo 2 (sem prece, mas inseguros): 597 pacientes não receberam preces intercessórias após serem comunicados que poderiam ou não recebê-las.
- Grupo 3 (com prece e seguros): 601 pacientes receberam preces intercessórias após serem comunicados que as receberiam.

As preces foram feitas por membros de três congregações utilizando o primeiro nome e a primeira letra do sobrenome dos pacientes. Elas foram oferecidas durante 14 dias, começando na noite anterior à operação. Depois de analisar as complicações ocorridas durante os 30 dias após a cirurgia de coração, a equipe de pesquisa não constatou quaisquer diferenças entre os pacientes que receberam preces e os que não as receberam.

Na verdade, os pacientes que sabiam estar recebendo preces tiveram mais complicações do que aqueles que não tinham certeza. 59% dos pacientes do Grupo 3, que sabiam estar recebendo preces, sofreram complicações, comparado a 52% dos pacientes do Grupo 1, que não tinham certeza. Os pesquisadores acreditam que a certeza de estarem recebendo preces de estranhos pode ter feito os pacientes pensarem que suas condições eram piores do que lhes haviam dito: "Talvez ela os tenha deixado inseguros, perguntando-se: 'será que estou tão doente que eles tiveram de chamar uma equipe de rezadores?'".

O percentual de complicações sérias e mortes foi quase o mesmo entre os três grupos.

Embora tenha sido publicado em 2006, esse continua sendo o estudo mais abrangente já realizado sobre preces a distância.

Estudo nenhum pode responder se devemos ou não rezar pela recuperação de familiares ou amigos doentes. Infelizmente, a ciência médica não segue as leis precisas do universo conforme descritas nos livros didáticos de física. Podemos rezar (sem contar ao paciente), mas não devemos esperar que, em virtude de uma lei desconhecida da mecânica quântica, nossas orações gerem ondas cósmicas que melhorarão a condição física do paciente. De qualquer modo, rezar pode, ao menos, fazer com que você se sinta feliz.

OS ASTEROIDES ASSASSINOS

Será que devemos perder o sono por causa de ameaças de asteroides?

Para astrônomos ao redor do mundo, os asteroides agora são as grandes atrações.

Essa atenção faz jus ao nome, que em grego quer dizer "semelhante a uma estrela", mas ela tem mais relação com seu número elevado e seu poder destrutivo do que com sua beleza cósmica. Essas rochas gigantescas, esburacadas, com a aparência de amendoim, são, na verdade, restos oriundos da formação dos planetas que orbitam no interior de um imenso anel em forma de rosca, conhecido como cinturão de asteroides, localizado entre as órbitas de Marte e Júpiter.

Uma colisão pode, às vezes, expulsar um asteroide para fora do cinturão, lançando-o em uma trajetória perigosa que cruza a órbita da Terra. Esses asteroides perdidos assumem uma trajetória que atravessa circularmente a órbita da Terra, e são chamados de *Earth-crossers*. Esse conhecimento assusta os astrônomos. Nos últimos anos, eles vêm identificando centenas de *Earth-crossers* com um quilômetro ou mais de diâmetro, e há outras centenas esperando para ser descobertos – é possível que haja um total de até cem milhões de *Earth-crossers* com mais de 20 metros de diâmetro.

E se algum deles chegar perto demais da Terra? Que catástrofe uma rocha tão perigosa causaria se colidisse contra o nosso planeta? O número de asteroides existentes é muito grande, mas o espaço que ocupam é imenso. Os asteroides, em sua maioria, ficam separados por milhões de quilômetros. Não é como em *Star Wars* [*Guerra nas estrelas*] ou *Star Trek* [*Jornada nas estrelas*], em que as naves espaciais têm de ir costurando o seu caminho por entre rochas voadoras. No entanto, colisões reais com uma espaçonave (ou com o *Spaceship Earth* – um grande globo no parque Epcot da Walt Disney World Resort, na Flórida) podem ocorrer.

A explosão de Tunguska (veja p. 209) provavelmente foi causada por um asteroide. Será que seremos atingidos novamente por um asteroide semelhante a esse? Astrônomos sugerem que a frequência média de impactos dessa proporção (asteroides com 75 metros de diâmetro, em média) é de 1 a cada mil anos. Esses asteroides explodem na atmosfera baixa, mas liberam energia destrutiva suficiente para dizimar uma grande cidade. É possível que asteroides com menos de 10 metros de diâmetro não sobrevivam à atmosfera da Terra.

A frequência de impacto diminui com o aumento das dimensões do asteroide. O intervalo médio entre impactos de asteroides gigantes (com 16 quilômetros de diâmetro, em média) é de cem milhões de anos. Um impacto dessa magnitude poderia provocar consequências globais, incluindo a extinção de seres vivos, em parte porque espalharia nuvens de poeira capazes de cobrir quase todo o planeta. Acredita-se que, há cerca de 65 milhões de anos, o impacto de um asteroide com 8 quilômetros de diâmetro na península de Iucatã, no México, tenha exterminado os dinossauros.

Será que queremos mesmo acertar na loteria do asteroide? A probabilidade de acertar em uma loteria de 45 números escolhendo, ao acaso, 6 números, é de 1 em 4 milhões. A probabilidade de acertar diminui para 1 em 14 milhões se você tiver de escolher, aleatoriamente, 6 números entre 49 possíveis, e para 1 em 19 milhões, se tiver de escolher entre 51 números. A probabilidade de ocorrer um impacto de asteroide, grande ou pequeno, é de 1 em 20 mil, a mesma de acontecer um acidente com um avião de passageiros. Considerando essas chances, parece que o típico sujeito na rua, caso não seja atropelado pelo típico ônibus (probabilidade de 1 em 100), irá testemunhar um impacto de asteroide muito antes de acertar na Mega-Sena. Para que se dar o trabalho de comprar um bilhete de loteria hoje?

Será que devemos descartar essas probabilidades de risco, considerando-as mentiras, mentiras deslavadas e estatísticas, ou perder o sono por causa de ameaças de asteroide? Segundo especialistas, o risco não é grande o bastante para nos manter acordados à noite, mas também não deve ser totalmente desconsiderado. O que será que uma pessoa comum deve fazer? A NASA dá o seguinte conselho: Na próxima vez que você enxergar uma manchete dizendo "Asteroide assassino ameaça a Terra", pergunte-se duas coisas: (1) Faz mais de uma semana, mais ou menos, que você está sabendo sobre essa rocha espacial? Se não, confira novamente em um mês. A essa altura, ela não será mais considerada assassina. (2) Qual a probabilidade de ocorrer um impacto? Se a chance de acertar na loteria for maior, então provavelmente não há nada com que se preocupar.

E um asteroide assassino não acabará com o mundo no dia 21 de dezembro de 2012 (p. 122), nem O PLANETA NIBIRU (p. 159) ou A INVERSÃO GEOMAGNÉTICA E O DESLOCAMENTO POLAR (p. 163).

A FOTOGRAFIA KIRLIAN

Imagens de feixes de luz, não de auras

Em 1939, Semyon Davidovich Kirlian, um eletricista russo, descobriu que o corpo humano – assim como o de todos os seres vivos – irradia energia quando estimulado por uma corrente alternada de alta frequência e alta tensão.

Ele a batizou de "energia plasmática", uma espécie de campo energético que envolve todos os seres vivos. Segundo Kirlian, a energia plasmática vem do oxigênio. A respiração profunda recarrega o corpo e ajuda a distribuir energia para todas as suas partes; e respirar ar ionizado negativamente carregado é muitíssimo eficaz no alívio de tensões físicas e mentais.

A técnica da fotografia Kirlian é simples. O objeto a ser fotografado (em geral os dedos, no caso de humanos) é colocado sobre um filme fotográfico que fica sobre um eletrodo. Um choque de alta tensão é aplicado sobre o eletrodo para se obter uma exposição. Quando o filme é revelado, tem-se uma fotografia Kirlian, que de fato é surpreendente, mostrando um mundo completamente novo de cores e padrões. O efeito mais famoso da fotografia Kirlian é produzido quando a folha recém-cortada de uma planta é fotografada, rasgada ao meio e fotografada outra vez. Uma imagem indistinta da metade que falta ainda pode ser vista na segunda foto.

Os defensores dos fenômenos paranormais acolheram, sem restrições, mais esse fenômeno, garantindo que as fotografias Kirlian eram provas concretas da existência da aura espiritual humana. Esse ponto de vista sobre a fotografia Kirlian foi apresentado ao mundo ocidental no começo dos anos 1970, quando Sheila Ostrander e Lynn Schroeder publicaram o livro *Psychic Discoveries Behind the Iron Curtain* [*Experiências psíquicas além da Cortina de Ferro*, Cultrix, 1970]. Elas atribuíram efeitos paranormais extraordinários às fotografias Kirlian: como, em seres humanos, o campo energético variava de acordo com a saúde e o estado mental do indivíduo, as fotografias podiam ser usadas para prognosticar uma enfermidade antes que houvesse quaisquer sinais de doença.

Investigações científicas sobre a fotografia Kirlian têm revelado que seres vivos, quando fotografados, de fato apresentam feixes de luz coloridos ao redor do contorno de seus corpos; no entanto, o mesmo não ocorre com seres inanimados. Os feixes de luz que aparecem ao redor de seres vivos são causados, segundo os cientistas, pela umidade presente no objeto a ser fotografado. Quando uma descarga elétrica passa pelo objeto, ela ioniza a área ao seu redor. Durante a exposição, a umidade é transferida do objeto para o filme, produzindo um padrão de cargas elétricas sobre ele. Esse padrão é realçado ao se fotografar, por exemplo, os dedos de um indivíduo que se encontra emocionalmente perturbado. Perturbações emocionais provocam suor que, por sua vez, realça o padrão dos feixes de luz na fotografia. Quando as fotografias são tiradas no vácuo, o efeito desaparece. Se as fotografias Kirlian fossem, de fato, resultado de um fenômeno paranormal, seria esperado que o efeito pudesse ser reproduzido no vácuo (foi Aristóteles quem disse que a natureza tem horror ao vácuo; o que ele provavelmente não sabia é que as entidades paranormais também).

James Randi, famoso por desmascarar diversos mitos paranormais, escreve no seu livro *An Encyclopedia of Claims, Frauds, and Hoaxes of the Occult and Supernatural* (1997) [Uma enciclopédia de alegações, fraudes e embustes do oculto e do sobrenatural, tradução livre]: "Demonstra-se, agora, que a fotografia Kirlian, antes tida em alta conta pelos defensores dos fenômenos paranormais, indica apenas a variação da pressão, da umidade, do meio e da condutividade. As descargas de corona são muito bem compreendidas e explicadas pela física elementar". O problema é que aqueles que acreditam em fenômenos paranormais não leem livros didáticos de física, por mais elementares que sejam.

O LITRO

Está na hora de você conhecer o *Monsieur* Litre (Sr. Litro) e a *Mademoiselle* Millie (Srta. Mili)

No final do século XVIII, a ciência estava se desenvolvendo mais rapidamente na França do que em qualquer outra parte do mundo, mas os franceses empregavam mais unidades de medida do que qualquer outro país.

Para o comprimento, por exemplo, utilizavam a *ligne* (um pouco maior que a antiga *line* britânica, que equivalia a 1/12 polegadas britânicas); 12 *lignes* equivaliam a um *pouce*, ou polegada francesa; 12 *pouces* equivaliam a um *pied*, ou pé francês; 6 *pieds* equivaliam a uma *toise*, e, finalmente, 3 mil *toise* equivaliam a uma légua francesa. Para acabar com essa confusão, a Academia Francesa, em plena Revolução de 1789, *design*ou uma comissão formada por 28 renomados cientistas. Em 1790, a comissão padronizou as unidades de medida de comprimento, peso e volume e as batizou de *metre*, *gram* e *litre*. Em 1799, as unidades tornaram-se oficiais.

O sistema métrico que utilizamos hoje é conhecido como SI, (Sistema Internacional), e foi introduzido em 1960. Muitas unidades do Sistema Internacional, tais como ampère, celsius, joule, newton, ohm, pascal e volt, receberam seus nomes em homenagem a cientistas, mas o litro, definitivamente, não recebeu seu nome em homenagem ao fictício "cientista francês Claude Émile Jean Baptiste Litre (1716–1778)". Em 1978, *Chem 13 News*, uma revista canadense de química, publicou uma "biografia" de "Litre" sugerindo que, "em comemoração ao aniversário de 200 anos da morte desse grande cientista, decidiu-se dar o seu nome à unidade de medida do SI referente a volume (a abreviação será L, seguindo a prática usual de usar letras maiúsculas para as unidades de medida que levam nomes de cientistas)".

A piada virou uma farsa literária quando um resumo do artigo foi publicado no boletim da prestigiosa *International Union of Pure and Applied Chemistry* [União Internacional de Química Pura e Aplicada, tradução livre]. A piada enganou também muitas outras publicações e programas de rádio. A maioria dos cientistas entendeu a piada. Alguns se juntaram à diversão, criando uma filha para Litre, chamada Millie.

O sistema métrico baseia-se no sistema decimal e é, hoje, utilizado em boa parte do mundo, exceto nos Estados Unidos.

O MONSTRO DO LAGO NESS

Vemos o que queremos ver

Monstros, míticos ou reais, fascinam a todos. Nos tempos modernos, no entanto, nenhuma criatura despertou tanto a imaginação popular quanto o monstro do lago Ness, carinhosamente chamado de Nessie.

O seu suposto lar é o *loch* Ness (a palavra *loch* significa lago, em escocês), localizado nas terras altas da Escócia. Além de ser um dos maiores do Reino Unido, esse lago de 290 metros de profundidade é, também, conforme ironizou certa vez a prestigiosa revista *Nature* [Natureza], "o submundo das fábulas".

A fábula de Nessie teve início em 565 d.C., quando uma criatura gigante com aparência de serpente saltou para fora do lago Ness e investiu contra um dos monges que acompanhava São Columba em sua missão de converter a Escócia ao cristianismo. O monstro desapareceu quando o bondoso santo irlandês fez o sinal da cruz. Todavia, jamais desapareceu da consciência pública, já que relatos recorrentes de que um monstro habitava as águas escuras do lago Ness continuaram a causar temor.

Ela ganhou fama quando, em 1993, o jornal inglês *Times* publicou uma história detalhada que se baseava em 51 relatos de testemunhas oculares e desenhos do monstro reunidos por Robert T. Gould, um oficial da marinha aposentado. Robert descrevia o monstro como uma criatura de 15 metros e pescoço comprido, com uma ou duas corcovas e pelo menos duas, possivelmente quatro, barbatanas ou nadadeiras. À medida que o mito do monstro crescia, o mesmo acontecia com o número de brincadeiras e fotografias forjadas. Toda essa agitação levou o famoso antropólogo e anatomista Arthur Keith (que está agora relacionado ao HOMEM DE PILTDOWN, p. 157) a escrever, em 1934, ao jornal inglês *Daily Mail*: "A existência ou a não existência de monstros não é um problema para zoólogos, mas sim para psicólogos".

Se de fato havia um monstro no lago Ness, como tinha ido parar lá? Defensores do mito afirmam que criaturas como o Nessie poderiam ter ficado presas quando o lago perdeu contato com o mar, no final da última era glacial, há cerca de 20 mil anos. Segundo argumentam os céticos, se um monstro vive há tanto tempo no lago, é necessário que, para manter uma reprodução contínua ao longo de séculos, um bando de pelo menos 20 animais tenha ficado preso. Mal há comida o suficiente no lago para alimentar tantas criaturas.

Todas as supostas fotos e vídeos do monstro sugerem que ele possa ser um plesiossauro. Poderia especular-se que esses répteis marinhos, apesar da sua preferência por águas subtropicais, adaptaram-se às águas frias do lago Ness. Contudo, os plesiossauros desapareceram juntamente com os dinossauros.

Em 2003, uma equipe de pesquisadores reunida pela BBC utilizou 600 sonares diferentes e tecnologia de navegação de satélite para vasculhar as águas do lago Ness, mas não encontrou qualquer vestígio do monstro. A equipe da BBC concluiu que a única explicação para a persistência do mito do monstro é que as pessoas veem o que querem ver. O mercado turístico escocês não tem do que reclamar, mesmo que Nessie continue eternamente se esquivando.

Veja também CRIPTOZOOLOGIA, p. 62.

Em abril de 1934, o ginecologista londrino Robert K. Wilson teria, supostamente, tirado uma foto que se tornou uma das imagens mais famosas do monstro do lago Ness. Mais tarde, Wilson admitiu que a foto era forjada, e que ele jamais havia acreditado na existência da criatura.

MAGNETOTERAPIA

Atraentes pretensões, falsos benefícios

Os ímãs vêm sendo utilizado em tratamentos para diversos problemas de saúde, começando pelos médicos chineses, egípcios, gregos e indianos da antiguidade.

A terapia magnética moderna teve início quando Franz Mesmer mesmerizou a sociedade parisiense do século XVIII com suas alegações sobre o "magnetismo animal" (MESMERISMO, p. 126). Embora suas falsas afirmações tenham sido postas abaixo por um ilustre conselho científico, os ímãs jamais perderam seu poder de atrair os ingênuos. Agora, as terapias magnéticas da "Nova Era" alegam ser capazes de curar uma série de problemas de saúde, desde dores nas costas até o câncer. A variedade de aparelhos terapêuticos – como são chamados – utilizados nessas terapias é igualmente ampla: pulseiras magnéticas, munhequeiras e joelheiras, cintas para as costas e o pescoço, palmilhas, travesseiros e colchões; na verdade, qualquer aparelho que ajude a pôr um ímã perto do seu corpo.

Se você perguntasse a especialistas médicos se há alguma coisa no corpo humano que pode ser influenciada por um ímã, sua resposta franca seria um enfático "não". Será que as alegações a respeito dos poderes dos ímãs têm qualquer fundamento científico? Em 2006, dois respeitados cientistas americanos, Leonard Finegold, um professor de física, e Bruce L. Flamm, um professor de medicina, juntaram seus conhecimentos para responder essa questão. Ao revisar a literatura médica sobre a terapia magnética, eles encontraram pouquíssimas evidências que a sustentassem. Sua conclusão foi publicada na BMJ (sigla inglesa para Revista Britânica de Medicina): "Os pacientes deveriam ser informados de que a terapia magnética não oferece quaisquer benefícios comprovados. Caso insistam em usar aparelhos magnéticos, eles deveriam ser aconselhados a comprar os mais baratos – isso aliviaria, ao menos, a dor no seu bolso". Eles alertaram, ainda, que o autotratamento com imãs podia levar à negligência de problemas subjacentes de saúde. A magnetoterapia pode até parecer inofensiva, mas isso não significa que seja segura.

Usar pulseiras de cobre ou munhequeiras magnéticas para aliviar as dores da artrite também é muito popular. Em geral, elas são consideradas seguras, mas quase nenhum estudo médico conseguiu encontrar evidências de que oferecem quaisquer benefícios reais. Quaisquer benefícios observados podem ser atribuídos ao EFEITO PLACEBO (p. 135), ou seja, a um efeito psicológico.

VIDA EM MARTE

Marcianos espertos e cientistas ingênuos

Desde que Galileu avistou Marte, em 1609, por meio do seu telescópio recém-construído, o planeta vermelho tem sido fonte de intriga e imaginação.

Até meados do século XX, cientistas realmente acreditavam que existia vida inteligente em Marte.

Sobre Carl Friedrich Gauss, afirma-se que quase tudo que os matemáticos do século XIX produziram, em termos de ideias científicas originais, está relacionado ao seu nome. A questão da vida em Marte também não escapou à sua atenção. Naquela época, acreditava-se que os marcianos podiam ver a Sibéria. Para atrair sua atenção, Gauss sugeriu que se desmatasse uma área da floresta siberiana e que se plantasse nela um enorme campo de trigo na forma de um triângulo retângulo, com árvores enfileiradas formando quadrados a partir de cada face do triângulo. Ele acreditava que sua representação diagramática do teorema de Pitágoras revelaria nossa presença aos nossos vizinhos (como é que os líderes marcianos poderiam deixar escapar a mensagem matemática escondida em CÍRCULOS EM PLANTAÇÕES (p. 59) pitagóricos?).

Alguns anos depois, o físico austríaco Johann Joseph von Littrow, preocupado com a má visibilidade do diagrama de Pitágoras em meio à densa floresta siberiana, sugeriu que a coisa certa a fazer era cavar enormes trincheiras no deserto do Saara em forma de figuras geométricas, tais como triângulos, quadrados e círculos, enchê-las de água, derramar querosene por cima e incendiá-las à noite. Essa ideia, embora "brilhante", não foi posta em prática.

A ideia de transformar o Saara em uma espécie de farol para atrair a atenção dos marcianos apareceu novamente, em 1880, quando o astrônomo francês

Camille Flammarion sugeriu que, se séries de luzes fossem posicionadas no deserto do Saara para representar em uma escala suficientemente grande o teorema de Pitágoras, marcianos inteligentes poderiam concluir que existe vida inteligente na Terra.

Essas ideias certamente despertaram a imaginação de muitos cientistas do século XX. Em 1920, Guglielmo Marconi disse que havia recebido sinais de rádio misteriosos que, segundo acreditava, poderiam ter vindo de Marte ou de alguma outra região do universo na qual os elétrons estão em vibração. Contudo, ele ignorou esses sinais, dizendo: "No momento, já estou preocupado o bastante com assuntos relacionados à Terra". O jornal *International Herald Tribune* noticiou: "O senhor Thomas Edison, referindo-se à afirmação de Marconi de que sinais de rádio não identificados poderiam vir de Marte, declarou que tal coisa é possível. 'Existem aparelhos capazes de enviar sinais para Marte', disse o senhor Edison. 'A questão é, será que os seres de lá têm instrumentos sensíveis o bastante para nos ouvir? Diz-se que os marcianos estão tão à frente dos seres humanos quanto nós estamos dos chimpanzés. Se isso é verdade, é provável que eles possuam tais instrumentos'".

Em 1924, David Todd, um astrônomo americano que, assim como Edison, acreditava na superioridade tecnológica dos marcianos, convenceu o governo dos Estados Unidos a desligar os transmissores de rádio de alta potência no dia 23 de agosto, quando Marte chegou o mais próximo possível da Terra. Naquele dia, quando os dois planetas estavam separados por apenas 56 milhões de quilômetros, os transmissores foram desligados por cinco minutos antes de cada hora, para que Todd pudesse ouvir a conversa dos marcianos. Os marcianos também estavam cientes da aproximação máxima com a Terra. Ao que tudo indica, naquele dia eles decidiram tirar do ar suas estações de rádio e ficar em silêncio.

Todd não abandonou tão facilmente suas esperanças de se comunicar com os marcianos. Ele sugeriu que uma tigela de 15 metros de diâmetro fosse colocada no fundo de uma mina chilena abandonada, enchida com mercúrio e que uma fonte poderosa de luz fosse colocada no foco desse refletor parabólico natural. Dessa vez, no entanto, ele não conseguiu convencer as autoridades a colaborar com o seu plano.

O ano de 1920 foi muito produtivo no que se refere a ideias científicas sobre como se comunicar com Marte. Páginas e mais páginas de diversas edições da revista *Scientific American* daquele ano estão cheias de sugestões relativas não apenas a técnicas de comunicação, mas também à "língua" da mensagem. "Em que língua será que deveríamos nos comunicar: inglês, francês ou alguma outra?", pergunta um leitor. "Ou quem sabe os entusiasmados matemáticos que nos dizem, em uma divertida generalização, que a matemática é a verdade universal e que, portanto, a mensagem deve ser tal que transmita alguma ideia fundamental da matemática, dignar-se-ão a nos revelar seu plano, e nos dizer exatamente com que verdade matemática deixaremos os marcianos chocados?"

Alguém sugeriu fazer um teste de QI com os marcianos enviando-lhes dois sinais, depois quatro, e, caso eles respondessem com oito sinais, saberíamos que são capazes de multiplicar.

Nem todos estavam convencidos da existência dos marcianos. Um leitor escreveu que, se todas as letras da oração do Pai-Nosso fossem atiradas no ar, a chance delas "caírem de volta nos seus devidos lugares para que a oração pudesse ser impressa sem qualquer erro seria a mesma de haver habitantes no planeta Marte com os quais poderíamos de alguma maneira nos comunicar".

A última proposta séria para atrair a atenção dos marcianos foi feita, em 1942, pelo astrônomo britânico James Jeans. Ele sugeriu que holofotes fossem projetados na direção de Marte e que flashes sucessivos fossem emitidos para representar sequências numéricas. Se, por exemplo, disse ele, os números 3, 5, 7, 13, 17, 19, 23... (a sequência dos números primos) fossem transmitidos, os marcianos poderiam, sem dúvida, pressupor a existência de vida inteligente na Terra.

O CALENDÁRIO MAIA

O término de um ciclo

A biblioteca estadual da Saxônia, em Dresden, na Alemanha, fundada em 1556, é um baú de tesouros de manuscritos medievais e renascentistas.

Em 1739, a biblioteca adquiriu um manuscrito raro, um dos únicos três manuscritos maias existentes. Hoje, o Código de Dresden, como é conhecido, é o bem mais famoso e precioso da biblioteca. Feito a partir da casca da figueira selvagem, esse manuscrito de 3,56 metros de comprimento consiste de 39 páginas, as quais se dobram como um acordeão. Entre 1200 e 1250, oito escribas, usando pincéis de uma única cerda, pintaram meticulosamente, em ambos os lados das páginas, hieróglifos, ícones e cenas de deidades realizando rituais. Acredita-se que o manuscrito, que é coberto por uma pele de jaguar, seja um livro sagrado.

O conteúdo do manuscrito tem sido decifrado como um conjunto de tabelas astronômicas, escritos sobre constelações e planetas e previsões de eclipses lunares. As seis páginas mais fascinantes do manuscrito, pintadas em preto, vermelho, azul e amarelo, são dedicadas a mapas complexos que descrevem as posições de Vênus, o planeta pelo qual os maias mais se interessavam. Os sacerdotes maias usavam as tabelas astronômicas para fazer profecias e estudar a influência dos corpos celestes sobre os seres humanos.

A civilização maia prosperou por quase 2 mil anos nas planícies que hoje compreendem a Guatemala, o Belize, o El Salvador e a península de Iucatã, no México. Nessa região, os maias construíram grandes cidades com palácios, praças públicas e pirâmides de topo plano com templo em cima. Além de uma arquitetura magistral, os maias também produziram obras no campo da astronomia, da matemática e da literatura que estavam à altura, ou mesmo além, dos feitos de outras civilizações da mesma época. Subitamente, entre 800 e 900, essa grande civilização de cerca de 6 milhões de pessoas ruiu. O que mais deixa os arqueólogos confusos é o fato de que o colapso não parece ter sido causado por apenas um evento catastrófico. Teria ele sido decorrência de uma epidemia, de um período de seca, de um problema de superpopulação, de uma guerra ou uma crise política? Ninguém sabe.

Pela leitura do Código de Dresden, ficamos sabendo que os maias usavam três formas distintas de calendário para acompanhar períodos mais longos de tempo: um ciclo religioso de 260 dias, um ciclo solar de 365 dias e um ciclo dos calendários de 52 anos. A origem do calendário de 260 dias remonta a 900 a.C. Esse calendário não se baseia em um ciclo astronômico, mas corresponde ao período de gestação humana de nove meses lunares. Esse calendário combinava ciclos de 20 dias, cada um deles nomeado com 13 dígitos a fim de obter 260 dias distintos. O calendário de 365 dias (o ano "vago", já que era uma aproximação do ano solar de 365,2422 dias) foi introduzido em 550 a.C. e dividido em 18 meses de 20 dias cada, mais um período adicional de cinco dias. Como os ciclos de 260 e 365 dias se repetiam exatamente a cada 52 anos imprecisos, esse período era conhecido como o ciclo dos calendários (o mínimo múltiplo comum entre 260 e 365 é 18.980 dias).

No século II, os maias perceberam que necessitavam de uma forma mais eficiente de registrar eventos históricos, já que datas específicas, em meio ao seu calendário de 52 anos ou 18.980 dias, estavam sendo confundidas. Esse novo calendário é conhecido hoje como a contagem longa. A contagem longa é um registro contínuo e cronológico que parte de um momento fixado no tempo (4 Ahaw 8 Kumk'u, para os maias, e 11 de agosto de 3114 a.C., para nós). Curiosamente, os criadores da contagem longa parecem ter determinado, também, uma data "final". Tal como um hodômetro, o calendário será zerado em 4 Ahaw 8 Kumk'u e um novo ciclo terá início. Essa data corresponde, no calendário gregoriano usado por nós, a 21 de dezembro de 2012 (o solstício de inverno no hemisfério norte).

É nisso que a crença equivocada de que o mundo acabaria no dia 21 de dezembro de 2012 se baseava. Os antigos maias celebravam o término de um ciclo. Os catastrofistas da "Nova Era" – conforme a quantidade de livros, sites, documentários e pelo menos um filme importante, *2012*, indica – estavam apenas explorando os tolos e os ingênuos e dando risadas cada vez que consultavam sua conta bancária.

Veja também O APOCALIPSE (p. 26); OS ASTEROIDES ASSASSINOS (p. 108); O PLANETA NIBIRU (p. 159); A INVERSÃO GEOMAGNÉTICA E O DESLOCAMENTO POLAR (p. 163).

OS MEMES

Evolução por imitação

No seu livro *O gene egoísta*, de 1974, o biólogo evolutivo inglês Richard Dawkins (mais conhecido, hoje, pelo seu controverso livro *Deus, um delírio*, 2006) observou que os genes são replicadores e que a evolução também pode ser baseada em outros replicadores.

Ele sugeriu que, tal como os genes, que transmitem as características dos organismos, há outro replicador que copia e transmite comportamentos e ideias de pessoa para pessoa: "A transmissão cultural é análoga à transmissão genética no sentido de que, embora seja essencialmente conservadora, ela pode dar origem a uma forma de evolução".

Dawkins batizou essa unidade de transmissão cultural de meme (do grego *mimema*, "aquilo que é imitado"). "Assim como os genes se propagam no *pool* genético sendo transmitidos de corpo para corpo por meio de espermatozoides ou óvulos", disse ele, "os memes se propagam no *pool* memético sendo transmitidos de cérebro para cérebro por meio de um processo que, no sentido amplo do termo, pode ser chamado de imitação". Em outras palavras, um meme é uma unidade elementar de conhecimento (uma ideia, comportamento, estilo ou hábito) que se propaga entre os indivíduos de uma determinada cultura por meios não genéticos, em especial por imitação.

Susan Blackmore, uma psicóloga inglesa que está "infectada" pela ideia de meme (o que, por si só, é um meme) e que tenta, por meio de seus artigos e do seu livro *The Meme Machine* (1999) [A máquina de memes, tradução livre], "infectar" outras pessoas com ela, acredita que os memes têm desempenhado (e ainda desempenham) um papel fundamental na nossa evolução cultural e biológica. "Nós podemos enfeitar uma história, nos esquecer da letra de uma música, atualizar uma antiga tecnologia ou criar uma nova teoria a partir de velhas ideias," afirma ela. "Dentre todas essas variações, algumas acabam sendo copiadas inúmeras vezes, enquanto outras desaparecem. Os memes, portanto, são verdadeiros replicadores, possuidores de todas as três propriedades – replicação, variação, seleção – necessárias para dar origem a um novo processo evolutivo darwiniano."

Nem todos partilham do mesmo entusiasmo de Blackmore por esse novo processo evolutivo darwiniano. O biólogo evolutivo americano Massimo Pigliucci é um exemplo disso. Segundo ele, é praticamente impossível dizer do que é constituído um meme. Um gene, por outro lado, tem uma base física: grosseiramente falando, os genes são pedaços de DNA. "As ideias, é claro, de fato evoluem, e existe, sem dúvida, uma analogia até certo ponto inegável entre os memes e a evolução genética", declara. "Mas não precisamos extrapolar os limites dessa analogia, e, certamente, não precisamos de todo um vocabulário novo para ser capaz de compreendê-la."

O psicobiólogo inglês Henry Poltkin analisa os memes utilizando uma perspectiva psicológica. Ele argumenta que a cultura não é apenas uma coleção de memes, e que os memes, e, portanto, os aspectos culturais, não se propagam por imitação. "A cultura humana está relacionada à divisão de conhecimento, crenças e ideias," declara. "A imitação, propriamente dita, não tem nada a ver com isso."

O debate sobre os memes continua. Se alguma das ideias anteriormente citadas, seja ela de Dawkins, Blackmore, Pigliucci ou Poltkin, foi transmitida para o seu cérebro, você já preencheu ao menos um requisito da evolução cultural por memes: a imitação. Entretanto, alguns críticos dos memes alertam: imitação sem criatividade é inútil.

O MESMERISMO

A arte de expandir gradualmente a imaginação

Em 1775, Franz Mesmer, um médico austríaco que recebeu seu doutorado por uma tese sobre a influência da gravidade de diversos planetas sobre a saúde, propôs que um campo magnético invisível flui pelos nossos corpos.

Se, de algum modo, o fluxo fosse restringido, isso causaria doenças físicas e mentais. Mesmer teorizou que, ao passar imãs sobre o corpo, o fluxo seria desobstruído e o paciente, curado. Usando esse método, ele foi capaz de curar alguns pacientes e, por fim, acabou descobrindo que podia obter os mesmos resultados passando apenas as mãos sobre o corpo, mesmo a uma distância considerável. Ele afirmou que estava agora fazendo uso do "magnetismo animal".

Ele escreveu um relato da sua descoberta e o enviou a todas as sociedades científicas da Europa solicitando que a investigassem, mas ninguém o levou a sério. Mesmer não desanimou, e continuou falando, a quem estivesse disposto a ouvi-lo, sobre seu incrível poder de magnetizar qualquer coisa. "Eu magnetizei papel, pão, lã, seda, pedras, couro, vidro, madeira, homens e cães – tudo, enfim, em que pus as mãos – a tal ponto que essas substâncias produziram, em pessoas doentes, o mesmo efeito produzido por um imã", escreveu, certa vez, a um amigo. "Eu armazenei energia magnética em garrafas tal como é feito com a eletricidade." (Ele estava se referindo às garrafas de Leiden, que eram populares na sua época e usadas para armazenar eletricidade.)

Os vienenses encaravam as pretensões de Mesmer com desdém ou indiferença. Em 1778, ele decidiu se mudar para Paris ao concluir que "Paris, a ociosa, depravada, caçadora e amante dos prazeres" seria o local adequado para um filósofo como ele. Chegando lá, alugou um apartamento luxuoso e abriu o seu salão de cura. O magnetismo animal, ou mesmerismo, como é chamado por alguns, se tornou rapidamente uma verdadeira febre, em especial entre as mulheres endinheiradas.

Seus assistentes "magnetizadores", em geral rapazes fortes, atraentes e jovens, solicitavam que os pacientes se sentassem com seus pés dentro de uma banheira enorme cheia de "água magnetizada" e, ao mesmo tempo, segurassem, com uma das mãos, hastes de ferro conectadas à banheira e, com a outra, o polegar do paciente ao lado entre o seu polegar e o seu indicador. Então, Mesmer surgia de trás de cortinas pesadas vestindo uma túnica comprida de seda lilás suntuosamente enfeitada com flores douradas e segurando, na mão, uma haste magnética. Por fim, ele pedia aos seus pacientes que pressionassem os polegares e indicadores para permitir que o magnetismo fluísse livremente pelo grupo.

Essa capacidade teatral de Mesmer enfureceu tanto os parisienses que, em 1784, o rei Luís XVI encomendou uma investigação científica sobre o "magnetismo animal". A comissão real incluía Antoine Lavoisier, o renomado químico francês, e Benjamin Franklin, o político e cientista americano que, naquela época, estava visitando Paris. A comissão concluiu que os efeitos observados podiam ser produzidos sem manipulações magnéticas, e que o magnetismo animal não era responsável pelo fenômeno. A comissão acrescentou, ainda, que qualquer efeito observado podia ser atribuído ao poder da sugestão (uma espécie de EFEITO PLACEBO, p. 135) e que a prática era apenas uma "arte de expandir gradualmente a imaginação". Em outras palavras, o efeito sobre os pacientes era psicológico, não magnético. Esse relatório arruinou a reputação de Mesmer na França. Ele retornou ao seu país natal, onde faleceu em 1815.

A respeito do trabalho de Mesmer, o famoso escritor de ficção científica Isaac Asimov disse que "90% era conversa fiada". De qualquer forma, ele está imortalizado nas expressões "magnetismo animal" e "mesmerizar" (como quando se diz, por exemplo, que o "seu sagaz magnetismo animal a mesmerizou") e a sua charlatanice médica sobrevive na MAGNETOTERAPIA (p. 117) da "Nova Era".

A MATÉRIA "ESPELHO"

Os mundos "espelhados"

Seja bem-vindo ao mundo "espelhado" – um mundo de planetas "espelhados", estrelas "espelhadas", galáxias "espelhadas" e até de vida "espelhada", tudo governado por forças "espelhadas". Esse mundo é tão fantástico quanto aquele em que Alice entrou em Alice através do espelho.

Por sermos feitos de matéria comum, somos incapazes de ver ou sentir o cheiro da matéria "espelho" (ou dos nossos gêmeos "espelhados", ainda que estejam vestindo suas roupas "espelhadas" mais brilhantes e estejam encharcados de perfume "espelhado"). Se você, de fato, se deparasse com a sua versão "espelhada", passaria diretamente por ela. Além disso, ela não seria capaz de enxergá-lo.

Não há evidências de que estamos cercados por um universo paralelo feito de matéria "espelho", e a sua própria existência é motivo de debates calorosos entre os cientistas.

O que é essa matéria exótica? Os cientistas dizem que todas as partículas fundamentais, tais como elétrons, prótons e nêutrons, possuem uma antipartícula. A primeira antipartícula, o pósitron (ou elétron positivo; tem mesma massa, porém carga contrária a do elétron), foi descoberta em 1932 (p. 77).

A descoberta da antimatéria conduziu à ideia de que toda partícula também possui a sua versão "espelhada". Isso significa que além do mundo da antimatéria, talvez também exista um mundo "espelhado". Nesse mundo, as partículas são como as imagens das partículas ordinárias refletidas no espelho. Elas também têm a mesma massa que as suas contrapartes ordinárias.

A matéria "espelho" ainda se encontra no campo da ficção científica, mas isso não impede os cientistas de especularem sobre as suas utilidades. Quando uma partícula se choca com a sua antipartícula, uma aniquila a outra, produzindo uma quantidade incrível de energia. Ao contrário da antimatéria, a matéria "espelho" não interage com a matéria ordinária, mas alguns cientistas especulam que se essa matéria hipotética pudesse ser capturada, ela poderia ser usada para gerar quantidades de energia quase inesgotáveis. No momento, essa ideia tem tanta credibilidade científica quanto à ideia das MÁQUINAS DE MOVIMENTO PERPÉTUO (p. 153).

A FARSA DA LUA

Quem aterrissou na Lua não foram os americanos, foram os homens-morcego

Você, provavelmente, já ouviu falar na teoria conspiratória segundo a qual a aterrissagem da *Apollo 11* na Lua teria sido forjada.

Visitas a sites e blogs dedicados a teorias da conspiração aumentaram quando, em 2001, o canal de TV Fox levou ao ar o programa Conspiracy Theory: Did We Land on the Moon? [Teoria da conspiração: será que pousamos na Lua?, tradução livre], argumentando que a tecnologia da NASA, nos anos 1960, não estava à altura da tarefa de aterrissar, de fato, na Lua; em vez disso, ela forjou o pouso na Lua em estúdios de cinema. Um comentário espirituoso no website da NASA deveria silenciar aqueles que ignoram as evidências esmagadoras e promovem histórias sobre a farsa da Lua: "Felizmente, os soviéticos não pensaram no truque primeiro. Eles poderiam ter filmado a sua própria aterrissagem falsa na Lua e causado um terrível embaraço ao mundo livre".

No começo do século XIX, quando não havia teóricos da conspiração, mas as farsas abundavam, surgiu uma farsa lunar engenhosa segundo a qual um famoso astrônomo britânico tinha descoberto vida inteligente na Lua. Aqui está a história daquela farsa.

Em 25 de agosto de 1835, o jornal nova-iorquino *The Sun* publicou uma história na capa do jornal com a seguinte manchete: "Grandes descobertas astronômicas feitas recentemente pelo senhor John Herschel". A história, supostamente transcrita do suplemento do *Edinburgh Journal of Science* [Jornal de Ciência de Edimburgo, tradução livre], descrevia cenários fantásticos da Lua vistos por Herschel a partir do seu novo telescópio localizado no Cabo da Boa Esperança. A história, que continuou, ao longo de alguns dias, sendo publicada em episódios, descrevia uma paisagem lunar composta de florestas imensas, mares continentais e "pirâmides lilases muito finas, distribuídas em grupos irregulares, compostas de 30 ou 40 pináculos cada".

Enquanto as vendas do *The Sun* aumentavam de 8 mil para 19.360 exemplares, seus leitores eram apresentados ao *Vespertilio-homo*, ou homem-morcego da Lua: "Eles certamente se pareciam com seres humanos... Tinham, em média, 1,20 metros de altura, o corpo coberto de pelos curtos e brilhantes, cor de cobre, e asas constituídas de uma membrana fina...".

Na época em que o artigo foi publicado, John Herschel, um dos cientistas mais famosos do seu tempo, estava na Cidade do Cabo fazendo levantamentos sobre os céus do hemisfério sul (John era filho de William, que, em 1781, fez a descoberta de Urânio, a primeira descoberta de um planeta registrada na história da humanidade). Seu único comentário conhecido se encontra em uma carta à sua tia Caroline: "Por onde passo, tenho sido importunado – em inglês, francês e alemão – em virtude dessa farsa ridícula sobre a Lua".

O autor dos artigos, o jornalista britânico Richard Adams Locke, alegou, mais tarde, que a história era uma sátira escrita para demonstrar a ingenuidade dos americanos no que se refere à questão da vida extraterrestre.

Os NANORROBÔS

O dia dos nanorrobôs autorreplicantes

Os nanorrobôs são máquinas hipotéticas, inteligentes e pequenas demais para serem vistas a olho nu.

Eles foram concebidos por Eric Drexler em seu livro *The Engines of Creation* [As máquinas da criação, tradução livre], de 1986. Drexler, que é às vezes chamado de "pai da nanotecnologia", imaginou que esses robôs microscópicos fossem autorreplicantes. Tal como células biológicas, eles seriam capazes de fazer cópias de si mesmos. Em tese, poderiam construir qualquer coisa desde que tivessem um suprimento disponível dos tipos certos de átomos, um conjunto de instruções e uma fonte de energia.

Richard Smalley, que ganhou o prêmio Nobel de química em 1996, rejeita a ideia e afirma que "nanorrobôs mecânicos e autorreplicantes simplesmente não são possíveis no nosso mundo". Para alcançar seu objetivo, os nanotecnólogos precisam fornecer "dedos mágicos" a esses robôs. Dentro dos limites espaciais de um nanômetro – o tamanho de um nanorrobô –, a manipulação de átomos não é simples, pois os dedos de um braço manipulador precisam, eles próprios, ser feitos a partir de átomos. "Não há espaço o bastante na região de reação de dimensões nanométricas para acomodar todos os dedos necessários para se ter o controle completo da química", afirma ele.

Apliquemos esse "sonho dos futuristas", como o chama Smalley, aos EXTRATERRESTRES INTELIGENTES (p. 100) – extraterrestres capazes de construir uma civilização tecnológica. Seria possível que eles fossem tão pequenos a ponto de serem quase invisíveis? Seguindo a lógica de Smalley, a resposta é, definitivamente, não. Se fossem tão pequenos assim, não seriam capazes de construir coisa alguma. No entanto, em um planeta grande no qual a atração da gravidade é forte, é possível que as formas de vida tenham dimensões pequenas. Logo, extraterrestres do tamanho de um inseto grande poderiam existir e, possivelmente, ter cérebros altamente desenvolvidos. Com seus "dedos mágicos", poderiam construir pequenos robôs que, por sua vez, poderiam construir robôs maiores e assim por diante, e, dessa forma, poderiam ter uma civilização tecnológica muito mais avançada que a nossa.

Algumas nanomáquinas primitivas vêm sendo desenvolvidas; entretanto, os nanorrobôs continuam sendo um conceito hipotético, e os nanorrobôs autorreplicantes, uma ficção.

EXPERIÊNCIAS DE QUASE MORTE

Perto da morte, não de Deus

Quando nosso coração para de bater e não há fluxo de sangue para o nosso cérebro, todas as atividades cerebrais cessam e somos declarados clinicamente mortos.

Será que a morte é instantânea? Não, os médicos dizem que levamos de alguns segundos a alguns minutos para passar pelo processo da morte.

O que será que acontece depois? Nada, evidentemente, já que a morte é a última fronteira e nós, após atravessá-la, simplesmente deixamos de existir.

Pessoas que chegaram muito perto da morte clínica, mas sobreviveram, discordam. Elas contam histórias incrivelmente parecidas sobre suas experiências. O primeiro estágio de suas "vidas após a vida" é marcado por um sentimento de paz imensa e pela ausência de dor ou medo. Em seguida, de alguma maneira, elas deixam seus corpos físicos e passam a observá-los de cima. Então, continuam se elevando acima deles e entram em um túnel escuro. Sua viagem pacífica termina quando avistam uma luz no fim do túnel.

A luz, distante e dourada, é acolhedora, e algumas pessoas a consideram uma espécie de presença sobrenatural. Elas acreditam ter alcançado o limite entre a vida e a vida após a morte. Algumas pessoas se lembram, até mesmo, de ter conversado com parentes mortos ou se deparado com certos aspectos de suas vidas. O que vem depois é a súbita compreensão de que precisam deixar essa vida após a morte, e, então, acordam.

Os detalhes de experiências como essas podem ser, também, influenciados por aspectos religiosos; os cristãos, por exemplo, tendem a enxergar, na luz, a presença de Cristo, enquanto os hindus, por sua vez, enxergam o Yamdoot, o mensageiro da morte. No entanto, as características centrais das experiências, independentemente da cultura, são as mesmas.

Pessoas que estiveram à beira da morte, mas retornaram, veem, com frequência, suas experiências de quase morte como experiências paranormais; há uma alma, ou psique, que habita o corpo físico. Quando morremos, essa essência imaterial deixa o corpo e viaja para outro mundo.

Os cientistas, naturalmente, discordam. Eles buscam explicações no cérebro, não no mundo sobrenatural. Segundo eles, a atividade cerebral aumenta repentinamente pouco antes da morte. A análise retrospectiva da atividade cerebral de pacientes em estados críticos de saúde, no momento em que os aparelhos de suporte à vida são desconectados, mostra que há um aumento significativo da atividade cerebral na hora da morte ou perto dela. Esse aumento da atividade cerebral, que dura de 30 a 180 segundos, poderia explicar as experiências de quase morte.

Alguns pesquisadores associam as experiências de quase morte aos lobos temporais, a parte do cérebro que fica ao redor das orelhas. Alguns estudos sugerem que a atividade elétrica no lobo temporal direito está relacionada a experiências místicas e religiosas. Investigações relacionadas à atividade do lobo temporal de pessoas que passaram, durante acontecimentos que ameaçaram suas vidas, por experiências de quase morte, revelam que a atividade do lobo temporal de tais pessoas é maior do que a das pessoas normais.

Os cientistas ainda não foram capazes de explicar, detalhadamente, o que causa as experiências de quase morte, mas isso não significa que essas experiências sejam sobrenaturais.

Veja também ABDUÇÃO ALIENÍGENA, p. 15; EXPERIÊNCIAS EXTRACORPÓREAS, p. 144.

O EFEITO PLACEBO

Será que a crença é um dos remédios mais poderosos?

Um típico teste de medicamento acontece mais ou menos assim: os pesquisadores dividem, ao acaso, os pacientes em três grupos: o primeiro grupo recebe o medicamento que está sendo testado, o segundo não recebe tratamento algum e o terceiro recebe o placebo.

O placebo (do latim *placere*, que significa "agradar") é, normalmente, uma pílula que tem aspecto e gosto parecidos com os do medicamento, mas que não contém qualquer substância terapêutica. Tanto o grupo que não recebe tratamento algum quanto o que recebe o placebo são conhecidos como "grupo controle"; o primeiro mostra quantos pacientes têm chances de melhorar por si próprios, enquanto o último mostra a influência da crença sobre o medicamento.

Os resultados são sempre surpreendentes: o grupo que recebe o placebo pode apresentar uma taxa de recuperação que varia de 0 a 100%, e os resultados não estão relacionados, de forma clara, a variantes individuais, tais como gênero, idade ou cultura (surpreendentemente, os resultados de alguns testes variam de país para país). Alguns pesquisadores afirmam que o efeito placebo depende de um número demasiado grande de variáveis para ter uma relação simples com qualquer uma delas.

Contudo, o tratamento com placebo funciona melhor se o médico que estiver tratando você acredita nele. Um estudo realizado em 2003 pelo neurocientista Fabrizio Benedetti, da Universidade de Turim, na Itália, mostrou de que forma as palavras do médico afetam o cérebro do paciente. Sua equipe induziu, em um grupo de voluntários saudáveis, dores severas no braço. Para controlar a dor, os participantes receberam, em seguida, uma injeção salina. No decorrer de quatro dias, foi dito a alguns participantes que a injeção salina era um analgésico potente (uma sugestão verbal que visava induzir uma expectativa de analgesia); a outros, que ela aumentava a dor (expectativa de hiperalgesia); e, ao terceiro grupo, nada foi dito. Os resultados demonstraram que antecipar menos dor levava a uma diminuição considerável da mesma, enquanto antecipar mais dor levava a um sofrimento maior. A crença do médico e sua sugestão verbal ao paciente ("esse remédio lhe fará bem") aumentam a eficácia do tratamento com placebo. Talvez, seja essa a razão pela qual as terapias alternativas funcionam; aqueles que as ministram têm muita fé em suas terapias e, além disso, são capazes de convencer seus pacientes da eficiência do tratamento.

Até agora, pesquisadores têm visto o efeito placebo – quando um novo tratamento está sendo testado – como uma inconveniência, mas suas opiniões estão mudando. Eles acreditam que expectativas e crenças podem alterar, consideravelmente, o curso de uma doença, e veem os placebos como uma chave para compreender de que forma o cérebro promove uma cura mais rápida. Curiosamente, você pode experimentar um efeito placebo mesmo sem acreditar nele. Será que o subconsciente tem alguma influência?

Há muita coisa que não sabemos sobre placebos. Será que esse tratamento fictício é real? Pense mais a respeito antes de tirar conclusões...

Veja também O EFEITO NOCEBO, p. 137.

O EFEITO NOCEBO

O lado mau dos placebos

Descrito como o "gêmeo malvado" do placebo, o efeito nocebo ocorre quando pessoas alegam se sentir pior após tomarem pílulas de placebo, que são pílulas inativas.

Suas dores de cabeça, cansaço, insônia, dores de estômago, náusea, tontura e outros sintomas não estão na mente; eles são efeitos físicos e podem ter um impacto prolongado sobre a saúde. Alguns estudos, tal como o estudo de Turim, descrito no EFEITO PLACEBO (p. 135), mostram que um paciente que espera sofrer sintomas dolorosos tem maior chance de sofrê-los. Quando as pessoas pensam que estão doentes, elas ficam doentes.

Os pesquisadores observaram o primeiro efeito nocebo (do latim *nocere*, "fazer mal") de larga escala no final dos anos 1990, quando se depararam com uma descoberta incomum: mulheres que acreditavam ser mais propensas a doenças cardíacas tinham quatro vezes mais chance de morrer do que mulheres que se encontravam sob fatores de risco similares. O maior risco de morte não estava associado a uma causa médica subjacente, tal como idade, pressão sanguínea, colesterol ou peso.

Ao que parece, pacientes podem criar, de forma involuntária, o seu próprio efeito nocebo. Embora as mulheres apresentem, em resposta à terapia, o efeito nocebo com maior frequência do que os homens, o efeito nocebo, assim como o efeito placebo, não está claramente associado a variáveis individuais, tais como gênero, idade e cultura.

Daniel Moerman, um antropólogo da Universidade de Michigan, deparou-se com um interessante fenômeno relacionado às pílulas de placebo. A coisa mais importante sobre uma pílula é a sua cor. Na Itália, diz ele, pílulas de placebo azuis serviram, para mulheres, como excelentes pílulas para dormir, mas tiveram o efeito contrário sobre os homens. Ele encontrou a resposta para esse enigma na cor do uniforme da seleção italiana de futebol, o azul.

Brian Olshansky, do hospital da Universidade de Iowa, acredita que um médico pode, involuntariamente, contribuir para a ocorrência de efeitos placebo e nocebo. "Um médico frio, pouco atencioso, desinteressado e impassível favorece a ocorrência do efeito nocebo", afirma. "Em contrapartida, um médico atencioso e empático estimula a confiança, fortalece as expectativas positivas do paciente e provoca um poderoso efeito placebo."

Para a maioria dos médicos, a saúde é um fenômeno biológico e, por isso, eles têm dificuldade em lidar com elementos psicossomáticos. Para eles, o efeito nocebo ainda é um mistério, mas você pode combatê-lo se estiver consciente dele. Trata-se apenas de uma questão de poder da mente sobre a mente.

Os raios N

Ilusão, equívoco ou farsa?

Em 1903, René Blondlot, um físico altamente respeitado da Universidade de Nancy, na França, estava fazendo experiências com os recém-descobertos raios X quando percebeu algumas coisas estranhas a respeito da radiação que saía do seu equipamento.

Ele pensou que havia descoberto um novo tipo de radiação e, em homenagem à sua universidade, batizou-a de raios N. Ele alegou que os raios N tinham propriedades misteriosas, tais como a de poderem ser armazenados em diversos objetos, como tijolos, por exemplo, e a de aumentarem nossa capacidade de enxergar no escuro caso segurássemos esses objetos perto da nossa cabeça.

Blondlot foi enaltecido pela sua extraordinária descoberta e outros físicos, franceses em sua maioria, apressaram-se em estudar esse novo fenômeno. Eles fizeram outras afirmações extravagantes sobre esses raios invisíveis, tais como a de que os raios eram emitidos pelo Sol, por chamas e fontes incandescentes e, inclusive, por quaisquer materiais nos quais a deformação estava presente, tais como o aço endurecido e o bronze.

Muitos cientistas fora da França se mostraram céticos quanto a essas afirmações. Em 1904, quando ouviu falar sobre os raios N, o físico americano Robert W. Wood decidiu, enquanto passava as férias com sua família na Europa, visitar Blondlot. Blondlot mostrou-lhe o equipamento no seu laboratório escurecido e leu várias medições em voz alta. Discretamente, Wood pôs um prisma de alumínio, que era uma parte crucial do equipamento, no seu bolso, e pediu a Blondlot que repetisse as medições. As novas medições eram praticamente iguais às anteriores. Wood publicou seu relatório na prestigiosa revista *Nature*, afirmando que os raios N não passavam de uma ilusão. "Que espetáculo para a ciência francesa quando um dos seus cientistas mais distintos mede as posições da linha do espectro enquanto o prisma repousa no bolso do seu colega americano!", exclamou um cientista francês.

O relatório de Wood pôs fim a um dos maiores equívocos da história da ciência. Será que foi um caso de autoilusão ou uma tentativa consciente de perpetrar uma farsa? O que quer que tenha sido, conseguiu enganar muitos cientistas respeitados.

NUMEROLOGIA

A superstição dos números

A crença em números de sorte e azar é, provavelmente, uma das superstições mais antigas que existem.

Pitágoras, o matemático grego do século VI a.C. (famoso pelo seu teorema), desempenhou um papel importante na atribuição de propriedades mágicas aos números. "O número é o regente das formas e ideias, é causa de deuses e demônios", disse. Suas aulas eram tão inspiradoras que alguns dos seus alunos formaram uma irmandade a fim de dar seguimento às suas ideias. Eles se denominavam "pitagóricos".

Os pitagóricos consideravam que os números regiam o universo. Para eles, cada número parecia ser dotado de uma característica particular e um caráter próprio. Eles consideravam os números pares como femininos e os números ímpares como masculinos. Associavam o número 1 à razão, o 2 à opinião, o 3 ao mistério, o 4 à justiça, o 5 ao casamento e assim por diante. Alguns vestígios dessas ideias extravagantes continuam presentes em certos idiomas. Em inglês, por exemplo, *square deal* – *square* significa "quadrado" – quer dizer "trato justo", já que um quadrado é formado por quatro pontos.

A filosofia numérica dos pitagóricos foi, mais tarde, dividida em duas correntes – a teoria dos números e a numerologia. Assim como a ASTROLOGIA (p. 30) não está associada à astronomia moderna, a numerologia, de forma semelhante, não está associada às teorias modernas dos números. A numerologia – um sistema que utiliza nomes e datas de nascimento para revelar traços de personalidade e prever o futuro – baseia-se em ideias muitíssimo extravagantes, e as características atribuídas aos números são, ao mesmo tempo, arbitrárias e pessoais.

Para alguns, a sexta-feira 13 é a confluência do dia de maior azar com o número de maior azar. Psicólogos lhe dirão que, se você teme a sexta-feira 13, é possível que sofra de parascavedecatriafobia, ou seja, medo de sexta-feira 13. Os sintomas dessa fobia variam de ansiedade leve a ataques de pânico. Há, todos os anos, ao menos uma, e no máximo três, sextas-feiras 13 – um fato reconfortante para quem sofre de parascavedecatriafobia.

Se você não sofre de parascavedecatriafobia, ou de qualquer outra fobia numérica, e ainda assim acredita na numerologia, descubra seu número da sorte (há inúmeros websites de numerologia para lhe ajudar) e, em seguida, vá a um cassino e aposte todo o seu dinheiro. Você descobrirá, em breve, quanto seu número da sorte é realmente sortudo.

O MISTÉRIO DE ÓRION

O "paraíso na Terra" egípcio

Em 1979, Robert Bauval, um engenheiro de construção belga, comprou, no aeroporto de Heathrow, em Londres, um livro chamado *The Sirius Mistery* [*O mistério de Sírius*], de Robert Temple

Ele ficou tão fascinado pelo livro que o devorou durante seu voo para o Sudão. Embora tenha achado a teoria de Temple sobre os deuses-peixe de Sírius extremamente especulativa, decidiu estudar a obra do antropólogo francês Marcel Griaule, que servira de alicerce para as especulações de Temple. O resultado do trabalho de Bauval foi o livro *The Orion Mystery: Unlocking the Secrets of the Pyramids* [O mistério de Órion: desvendando os segredos das pirâmides, tradução livre], escrito em coautoria com Adrian Gilbert e publicado em 1994.

A constelação de Órion (o Caçador) é um dos conjuntos de estrelas mais reconhecível no hemisfério norte. Possui três estrelas brilhantes alinhadas, que formam o cinturão de Órion.

Certa noite, em 1983, enquanto acampava no deserto da Arábia, Bauval acordou de repente. Deitado no seu saco de dormir, ele observou o céu e viu as estrelas do cinturão de Órion. Ele se deu conta, imediatamente, de que as três maiores pirâmides de Gizé haviam sido construídas de maneira a formar um mapa gigante do cinturão de Órion. Mais tarde, quando calculou as posições das estrelas à época em que as pirâmides tinham sido construídas, os resultados obtidos revelaram a importância religiosa dos quatro túneis ascendentes que saíam do coração da Grande Pirâmide. Segundo ele, o túnel sul da câmara do rei apontava na direção do cinturão de Órion, associado ao deus Osíris, enquanto o túnel equivalente localizado na câmara da rainha apontava na direção de Sírius, a estrela da deusa Ísis, esposa de Osíris. Bauval diz que, na verdade, ao construir as pirâmides de Gizé, os egípcios queriam criar o "paraíso na Terra".

Bauval tentou, ainda, usar a localização de outras pirâmides do Egito para completar a representação da constelação de Órion. A fim de fazer com que as pirâmides correspondam ao céu, você precisa virar o mapa do Egito de ponta cabeça, e, ainda assim, a correspondência parece pouco precisa. Alguns egiptólogos descartam *O mistério de Sírius*, considerando-o como piramidologia pseudocientífica.

EXPERIÊNCIAS EXTRACORPÓREAS

Além do corpo ou além da razão?

Uma experiência fora do corpo é uma experiência na qual uma pessoa vê o seu corpo a partir de um lugar localizado fora do corpo físico.

Tais experiências são bastante comuns e os pesquisadores estimam que de 15 a 20% da população, aproximadamente, já teve, ao longo de sua vida, pelo menos uma experiência extracorpórea. Em geral, as pessoas têm tais experiências quando estão acordadas, não quando estão dormindo. As experiências podem ser espontâneas, mas, com maior frequência, são provocadas por estresse elevado, doenças graves, traumas agudos, abuso de drogas, hipnose, meditação ou reza. Não há evidências de que sejam causadas por doenças mentais.

A maioria das experiências extracorpóreas tem características semelhantes. Os indivíduos que as vivenciam veem seu corpo físico em posição deitada, imóvel, e são capazes de se movimentar ao seu redor. Eles sentem que têm outro corpo, um duplo do corpo físico; esse corpo espiritual ou transparente pode atravessar paredes e outros objetos sólidos. Às vezes, eles veem que seu corpo "astral" está conectado ao seu corpo físico por um cordão "umbilical". Assim como as EXPERIÊNCIAS DE QUASE MORTE (p. 133), algumas experiências extracorpóreas começam com o ingresso em um túnel escuro que possui uma luz branca e brilhante no seu final. A maioria das experiências é breve e termina com uma sensação de prazer e libertação.

Os cientistas não duvidam que as pessoas tenham experiências extracorpóreas, mas não pensam que essas experiências sejam psíquicas, paranormais ou místicas. Alguns neurocientistas tentaram induzir elementos de experiências extracorpóreas ilusórias em voluntários saudáveis. Seus experimentos clínicos demonstraram que é possível induzir uma ilusão perceptiva que faz com que voluntários experimentem a sensação de que seus centros de consciência, ou "eus", estão localizados fora dos seus corpos, e observem seus corpos do ponto de vista de outra pessoa. Esses e outros experimentos sugerem que a consciência de um "eu" no nosso corpo está baseada no processamento de diversos dados sensoriais no cérebro, e a percepção do nosso próprio corpo é a base da autoconsciência.

A ideia de que a alma ou o espírito pode deixar o corpo é antiga, e pode ser encontrada em várias culturas. René Descartes, o filósofo francês do século XVII, acreditava que a mente, algo imaterial que contém a essência de um ser humano, era separada do cérebro, mas interagia com ele de alguma forma. Quando mais jovem, ele era cético em relação a quase tudo, até mesmo à sua própria existência. Ele deixou de lado esse ceticismo após chegar à conclusão do "penso, logo existo", a frase mais famosa da filosofia. Essa frase exemplifica seu pensamento de que ele poderia duvidar do mundo físico, mas não da sua mente. Segundo Descartes, a mente e o corpo são fundamentalmente distintos; o corpo é feito de substância física e ocupa espaço, enquanto a mente não é física e não ocupa espaço algum.

Para muitas pessoas, a explicação mais atraente para as experiências extracorpóreas é a de que é a mente ou a alma que, na verdade, deixa o corpo. Essa explicação, porém, levanta a seguinte questão: de que forma a mente, que não é física, conseguiria observar e refletir estando fora do corpo físico? Nossa mente depende do funcionamento do cérebro no nosso corpo.

Será que a mente pode deixar o corpo? Será que as experiências extracorpóreas são fenômenos puramente psicológicos, nos quais a alma ou o "eu", na verdade, não sai do corpo, ou será que elas são uma combinação entre imaginação e PERCEPÇÃO EXTRASSENSORIAL (p. 82)? A ciência ainda não foi capaz de explicá-las em definitivo.

QUIROMANCIA
Seu mundo futuro na palma da mão

A quiromancia, ou quiroscopia, procura revelar
a personalidade e prever o futuro por meio da leitura de linhas,
marcas e padrões na palma da mão.

A prática originou-se, provavelmente, na Índia antiga e depois se espalhou para a Grécia – daí o nome quiromancia, que vem da palavra grega *cheir*, que significa "mão". A forma mais conhecida de quiromancia é baseada no sistema grego.

Será que há alguma verdade na quiromancia ou será que não passa de um truque? Um estudo publicado no *Journal of the American Medical Association* [Revista da Associação Médica Americana, tradução livre], em 1974, concluiu que a quiromancia, no que se refere a fazer prognósticos da expectativa de vida das pessoas, não tem qualquer valor ou utilidade científica para corretores de seguro de vida. A conclusão dos pesquisadores se baseou no exame de 51 cadáveres e na correlação entre a idade da morte e o comprimento da linha da vida (há três linhas principais na palma da mão: a linha da vida, a do coração e a da saúde). Uma linha da vida interrompida não está relacionada à idade da morte e, segundo os pesquisadores, não está relacionada à coisa alguma.

Estenda a sua mão direita, com a palma virada para você e os dedos juntos, e compare o tamanho do dedo indicador (o segundo) com o do dedo anelar (o quarto). Em geral, o dedo indicador das mulheres é maior que o seu anelar e, no caso dos homens, é o contrário. Algumas pesquisas associam dedos indicadores maiores ao sucesso em atividades que envolvem comunicação oral e escrita, nas quais as mulheres se destacam, e dedos anelares maiores ao sucesso em esportes competitivos como o futebol e o basquete, nos quais os homens se destacam.

Independentemente de você ter o dedo indicador ou o anelar maior, a palma da sua mão não revelará muita coisa a seu respeito. No entanto, você pode utilizá-la para outras coisas mais úteis, para servir de "cola", por exemplo, no melhor estilo Sarah Palin. A famosa política americana foi criticada por ter sido flagrada, durante um discurso em 2010, com anotações na mão esquerda. Cenas de vídeo mostraram-na consultando a palma da sua mão, na qual estava escrito: "energia", "cortes orçamentários" (riscado e substituído por "cortes tributários") e "elevar o espírito dos americanos".

PANSPERMIA

A vida veio do espaço

Svante Arrhenius, o químico sueco que nos deu a química dos íons, foi um gênio versátil que se dedicou à investigação científica em diversas áreas além da química.

Foi ele quem admitiu, pela primeira vez, em 1896, que o dióxido de carbono atua como um cobertor térmico ao redor da Terra, criando, assim, o efeito estufa. Em 1906, ele sugeriu que esporos de bactérias e outros microrganismos dormentes haviam escapado de outro planeta onde já existia vida, viajado pelo espaço, aterrissado na Terra e começado a crescer e a se desenvolver. Ele batizou esse processo de panspermia (palavra grega que significa "todas as sementes"), mas não explicou como a vida tinha se originado em outros planetas. Disse, apenas, que a vida é eterna. Ela sempre esteve lá e, portanto, a questão da sua origem não tem relevância.

A hipótese da panspermia encantou os cientistas do século XIX; entretanto, ela jamais se tornou uma teoria científica aceita. Em 1980, Fred Hoyle, um dos cientistas mais importante do século XX, ressuscitou a hipótese ao sugerir que o espaço interestelar contém moléculas orgânicas.

Alguns cientistas ridicularizam essa ideia porque a crença geral, naquela época, era a de que as únicas moléculas que existiam no espaço eram as de hidrogênio atômico e hidrogênio iônico. Contudo, nos últimos anos, muitas moléculas orgânicas – de benzeno, açúcares e etanol, por exemplo – vêm sendo detectadas no espaço interestelar. Os aminoácidos – os "blocos de construção da vida" –, por outro lado, ainda escapam à compreensão dos cientistas.

Em 1981, Hoyle e outro astrônomo britânico, Chandra Wickramasinghe, sugeriram que a vida, com toda a sua informação genética básica, não se originou na Terra, especificamente, mas no cosmo como um todo. Os "blocos de construção" químicos da vida estão presentes em nuvens interestelares. Quando essas nuvens se desintegram para formar cometas, elas criam locais adequados à origem da vida. Por ser quente e líquido, o núcleo de um cometa é ideal para a multiplicação de microrganismos. O impacto de um cometa há cerca de 3,8 bilhões de anos poderia ter dado início à vida terrestre. Segundo eles, apenas uma fração minúscula (menos de uma parte por trilhão) das bactérias interestelares precisa se manter viva para que a panspermia possa ocorrer.

Assim como os cometas, os meteoritos também podem espalhar microrganismos. Ainda hoje, cerca de cem toneladas de fragmentos de cometas e meteoritos chegam à Terra diariamente. Esses fragmentos cósmicos podem trazer ao planeta micróbios responsáveis por causar doenças a plantas e animais. "Sim, é absolutamente verdadeiro; invasões biológicas extraterrestres jamais deixaram de ocorrer e continuam ocorrendo atualmente", afirmam Hoyle e Wickramasinghe. Eles consideram que os fragmentos cósmicos são responsáveis por diversas epidemias de natureza global, tais como a gripe espanhola de 1918 e a peste de Atenas de 430 a.C. Eles apontam diversas anomalias na distribuição e na propagação das epidemias de gripe de 1918 e 1968, e concluem que uma simples propagação de pessoa para pessoa não é uma explicação adequada, ao passo que a dispersão atmosférica de um agente provindo do espaço é mais convincente.

Tudo isso parece plausível, mas a pergunta permanece: como é que os germes conseguem sobreviver à radiação letal do espaço? A resposta mais provável está no fato de que, em nuvens interestelares, uma camada fina de matéria carbônica se forma em volta dos microrganismos, protegendo-os da radiação prejudicial.

Pesquisas recentes sugerem que uma viagem galáctica feita por microrganismos a bordo de um cometa é cheia de riscos, mas ainda assim possível. Cálculos feitos por H. Jay Melosh, da Universidade do Arizona, mostram que os microrganismos podem sobreviver por milhões de anos no espaço caso estejam incrustados no interior de imensos pedaços de rocha. Isso pode acontecer quando uma colisão de asteroide faz com que rochas de um planeta sejam lançadas ao espaço. Ao que parece, os impactos que produziram crateras com mais de cem quilômetros de extensão sobre a Terra teriam, cada um deles, feito com que milhões de toneladas de rochas carregadas de microrganismos fossem lançadas no espaço interplanetário, a maioria delas na forma de pedregulhos grandes o suficiente para proteger esses microrganismos da radiação. "Embora os organismos terrestres nessas rochas tivessem a oportunidade de colonizar outro planeta", diz Melosh, "parece pouco provável que encontrassem condições adequadas à propagação."

Da mesma forma, parece pouco provável que os cientistas acabem aceitando a hipótese da panspermia de Hoyle e Wickramasinghe.

PARADIGMA

Uma palavra usada de maneira excessiva e imprópria

Como será que a ciência evolui? O eminente filósofo da ciência Thomas Kuhn respondeu a essa questão na sua inspiradora obra *A estrutura das revoluções científicas*, em 1962

Na época em que era estudante de graduação do curso de Física, Thomas Kuhn leu as obras de Aristóteles e Newton e se deu conta de quão diferentes eram os conceitos de matéria e movimento dos dois. Essas e outras observações similares feitas com base na história da ciência – em períodos nos quais ocorreram mudanças fundamentais no paradigma ou na estrutura do pensamento – conduziram-no à ideia de que a ciência não se desenvolve pelo acúmulo de fatos e teorias, mas por "complementos que tendem a desintegrar a tradição à qual está voltada a atividade da ciência normal". Ele denominou essas mudanças de paradigmas de "revolução científica".

Para Kuhn, a ciência normal – "a pesquisa firmemente baseada em uma ou mais realizações científicas passadas, as quais são reconhecidas durante algum tempo por alguma comunidade científica específica como capazes de proporcionar os fundamentos para sua prática posterior" – é, simplesmente, a "resolução de quebra-cabeças". A ciência revolucionária, por outro lado, envolve uma revisão completa das crenças e práticas científicas existentes. O desenvolvimento da ciência não é uniforme, mas alterna fases "normais" e "revolucionárias". Os mundos anteriores e posteriores a uma mudança paradigmática são completamente distintos.

The Structure of Scientific Revolutions [*A estrutura das revoluções científicas*, Perspectiva, 1978] é uma das obras acadêmicas mais populares e influentes do século XX. O livro transformou os termos "paradigma" (um exemplo típico, ou padrão, de alguma coisa) e "mudança de paradigma" (uma mudança fundamental em concepções básicas). O próprio Kuhn (que faleceu em 1996) queixava-se de que o termo "paradigma" tinha sido usado "de maneira excessiva" e estava "fora de controle". A revista americana *New Yorker* foi inspirada a publicar uma charge na qual uma mulher exclama: "Deus do céu, senhor Gerston! Você é a primeira pessoa que eu ouço usar a palavra 'paradigma' na vida real". Se o Google serve, de alguma forma, para indicar a popularidade de uma palavra ou de uma frase, considere as seguintes estatísticas: Em 1997, o site listou 42 milhões de páginas nas quais o termo "paradigma" aparecia, das quais 2,6 milhões se referiam, na verdade, ao termo "mudanças de paradigma". Em 2010, o número de páginas nas quais o termo "paradigma" aparecia subiu para impressionantes 85 milhões, das quais 8 milhões se referiam a "mudanças de paradigma" (na vida real, esperamos).

As mudanças de paradigma sobre as quais lemos ou ouvimos falar hoje são, de fato, em sua maioria, mudanças de paradigma. Em um artigo de 1964, a prestigiosa revista *Scientific American* desclassificou o livro de Kuhn, afirmando que era "muito barulho por muito pouco"; no entanto, o livro significou, de fato, uma mudança de paradigma na filosofia da ciência. Ele teve enorme influência na maneira com a qual filósofos, historiadores e sociólogos observam a mudança científica, mas, por outro lado, a tese original de Kuhn é vista, hoje, como limitada.

Nem todos concordam com a ideia de que a ciência não é um processo de construção contínua. É difícil aceitar que a história da ciência não é claramente caracterizada por uma progressão natural da mudança científica. Alguns críticos argumentam que uma observação minuciosa dos eventos históricos é incapaz de identificar os estágios de mudança científica de Kuhn. Outros afirmam que os paradigmas podem ajudar no caso de problemas claramente definidos, mas tendem a afastar os cientistas de problemas urgentes que não podem ser resolvidos metodicamente.

UNIVERSOS PARALELOS

Eles encontraram zilhões de cópias suas

Há inúmeros universos e, em cada um deles, uma cópia sua está lendo esse artigo neste exato momento.

A ideia de universos paralelos tem servido de inspiração para milhares de histórias de ficção científica, porém já não é mais assunto apenas dela. Hoje, muitas teorias científicas sustentam essa ideia estranha.

Os cientistas aceitam a teoria de que o universo (aquele no qual o "verdadeiro você" está lendo esse artigo) teve origem, há bilhões de anos, com o Big Bang, quando uma partícula de matéria incrivelmente densa e quente explodiu de forma espontânea. Como não havia luz, o universo recém-nascido era opaco. Após 380 mil anos, a temperatura do universo baixou para, aproximadamente, 4.500 °C e, uma vez que os fótons, as partículas de luz, ficaram livres para escapar, ele passou a ser transparente. Essa "luz fóssil", agora, pode ser vista em frequências de micro-ondas e permeia todo o universo. Denominada de radiação cósmica de fundo (ou CMB, na sigla em inglês), ela pode ser detectada em qualquer lugar e tem uma temperatura de -270 °C (3 °C acima do zero absoluto).

Há apenas três tipos possíveis de superfície que o espaço-tempo, o tecido do universo, poderia ter: uma superfície curva, tal como a de uma bola gigante; arqueada, tal como a de uma sela enorme, ou plana. A radiação cósmica de fundo – sua existência foi confirmada, experimentalmente, em 1965 – não apresenta distorção. Isso significa que o universo é plano; um universo curvo ou arqueado distorceria o tamanho de objetos distantes, tais como a remanescente radiação cósmica de fundo. Outras observações cosmológicas confirmam a ideia de um universo plano.

Se o universo é plano, as dimensões do espaço podem ser infinitas. Esse espaço infinito contém infinitas cópias do nosso universo. Todos esses universos são parte de um multiverso maior. Como habitantes do multiverso, seria possível viajarmos para outros universos? A gravidade, a distorção do espaço-tempo, pode fluir livremente pelo espaço entre os universos, mas a gravidade também nos mantém colados ao nosso universo e nos impede de ir parar em outro universo. Não podemos nem mesmo ver nossos outros "eus". O mais longe que conseguimos "ver" é a distância que a luz viajou desde o Big Bang. A distância real que conseguimos, hoje, observar, é muito menor.

Veja também O PRINCÍPIO ANTRÓPICO, p. 24; OS BURACOS DE MINHOCA, p. 217.

As MÁQUINAS DE MOVIMENTO PERPÉTUO

Funcionando eternamente sem energia

Bhaskara (também conhecido como Bhaskaracharya, "Bhaskara, o Professor") foi um matemático que viveu na Índia, no século XII.

Ele ocupa uma posição de destaque na história da matemática. Foi ele quem escreveu os primeiros trabalhos usando o sistema dos números decimais, que descrevia regras para se calcular com o zero e o conceito de números positivos e negativos. Além disso, ocupa um lugar especial nos anais das máquinas de movimento perpétuo, como o inventor de uma roda que seria capaz de girar para sempre, embora jamais a tenha construído. A roda, com recipientes de mercúrio ao longo do seu aro, foi projetada para girar constantemente, pois a roda estaria sempre mais pesada em um lado do eixo. Hoje, sabemos que tal máquina não pode ser construída.

A ideia, tal como as ideias do zero e dos números decimais, reapareceu em escritos árabes. Do mundo islâmico difundiu-se para o mundo ocidental. No século XV, até Leonardo da Vinci esboçou diversos projetos nos seus famosos cadernos. Em contrapartida, o grande cientista inglês William Gilbert desdenhava das alegações de que era possível se construir máquinas magnéticas de movimento perpétuo.
Em 1600, ele publicou *De Magnete*, o primeiro tratado de física experimental, no qual provou que a Terra é um imã e demonstrou que uma barra de ferro pode ser magnetizada orientando-a no sentido norte-sul. Sua ciência estava rigorosamente em dia quando ele, com toda a força das invectivas, exclamou: "Que os deuses amaldiçoem todas as obras falsas, plagiadas e distorcidas como essas, que servem apenas para confundir a mente dos estudantes".

Ainda assim, ao longo das épocas, muitos cientistas e engenheiros tentaram – e vergonhosamente fracassaram – construir máquinas de movimento perpétuo. O fracasso não os impediu de patentear suas criações. A primeira patente para uma máquina de movimento perpétuo foi concedida em 1635, na Inglaterra. Hoje, a maioria dos países – os Estados Unidos e o Canadá são algumas das exceções – se recusa a conceder patentes para máquinas de movimento perpétuo sem modelos que funcionem.

Uma máquina de movimento perpétuo tem de permanecer em movimento, eternamente, sem que força alguma seja aplicada ou energia alguma seja consumida. Essa ideia infringe as sagradas leis da termodinâmica. A primeira lei da termodinâmica (que é a lei de conservação da energia) afirma que máquina nenhuma é capaz de produzir mais energia do que ela utiliza.

A segunda lei da termodinâmica impõe certas restrições a algumas máquinas, tais como os motores de automóvel, que obtêm calor a partir da queima de combustível. Essa lei exige que o calor flua de um corpo mais quente para um mais frio. Isso significa que a máquina deve, necessariamente, perder alguma energia quando o calor é convertido.

FRENOLOGIA

Inferindo a personalidade com base em calombos na cabeça

Em 1798, Franz Gall, um médico austríaco, publicou um artigo em uma revista alemã no qual afirmava "que é possível, pela observação de diversas protuberâncias e cavidades na superfície da cabeça, determinar a medida de diferentes aspectos da personalidade".

Esse artigo de dez páginas marcou o início da frenologia (*phrenos*, em grego, significa "mente"), o estudo da forma e do tamanho da cabeça para determinar a personalidade e as capacidades mentais de uma pessoa.

Gall fez duas afirmações principais: a primeira é a de que diferentes funções mentais estão localizadas em diferentes partes do cérebro, chamadas de órgãos; a segunda é a de que o crescimento dos diversos órgãos está relacionado ao desenvolvimento de faculdades mentais associadas. Como esse crescimento seria refletido na forma do crânio, características da personalidade poderiam ser determinadas pela leitura de calombos e reentrâncias no crânio.

Ele chegou a se vangloriar de que a frenologia teria uma importância fundamental para a medicina, a moralidade, a educação e o direito – na verdade, para todas as ciências humanas.

Gall identificou 27 diferentes órgãos relacionados ao comportamento; esse número aumentava à medida que, com o tempo, novos órgãos eram "descobertos". Se você colocar o dedo na parte de trás do seu pescoço, notará um calombo formado pela base do seu crânio. Esse calombo, segundo Gall, demarcava a localização do órgão da amatividade, responsável pelo comportamento sexual. Se a cabeça de uma pessoa apresentava um órgão da amatividade comparativamente grande, isso indicava que, sexualmente, ela não era reprimida. A presença de um órgão da amatividade comparativamente pequeno, por sua vez, indicava indiferença em relação ao sexo oposto.

A frenologia, sem dúvida, não passa de charlatanismo, mas, no começo do século XIX, era considerada uma ciência respeitável. As pessoas buscavam conselhos de frenólogos não apenas para diagnosticar doenças mentais, mas também para contratar empregados e, até mesmo, escolher parceiros para casar.

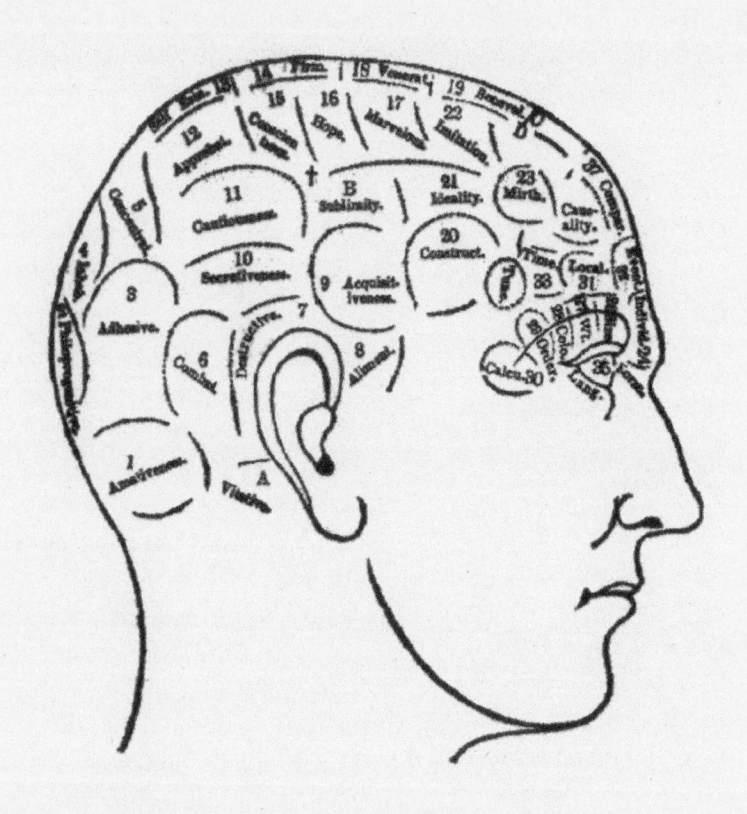

O HOMEM DE PILTDOWN

Um sinônimo de "ciência barata"

Em 1912, um crânio – que parecia uma mistura do crânio de um ser humano com o de um primata – foi descoberto em uma mina de cascalho em Piltdown, um vilarejo em Sussex, na Inglaterra.

Ele foi apresentado como um fóssil de 500 mil anos de idade e como prova de que os seres humanos e os macacos têm um ancestral comum – o "elo perdido" que os antropólogos vêm procurando desde que Darwin, em seu livro *The Descent of Man* (1891) [*A origem do homem*, Cultura Moderna, n/d], propôs a existência de formas intermediárias entre os primatas ancestrais e os seres humanos modernos.

O homem de Piltdown foi aclamado por muitos antropólogos britânicos como o mais antigo ancestral dos seres humanos modernos. Ele foi batizado de *Eoanthropus dawsoni*, "o homem da aurora de Dawson", em homenagem a Charles Dawson, o advogado e entusiasmado arqueólogo amador que encontrou seus restos mortais. Orgulhosamente chamado de "o primeiro habitante da Inglaterra", pois garantia à Inglaterra um lugar de destaque na história da humanidade, o homem de Piltdown era citado, juntamente com o homem de Neandertal e o homem de Heidelberg, ambos descobertos na Alemanha, como um exemplo de hominídeo primitivo que vivera na Europa.

Quando fósseis de *Australopithecus*, gênero de hominídeos ainda mais antigos, foram encontrados na África nos anos 1930, o homem de Piltdown se tornou um enigma. Em 1953, análises químicas e datações por radiocarbono demonstraram que o fóssil era uma fraude: o maxilar inferior, que havia sido colorido, de propósito, para parecer antigo, pertencia a uma fêmea de orangotango; o crânio era de origem humana e tinha menos de mil anos de idade.

O homem de Piltdown é um dos maiores embustes da história

da ciência, tendo enganado, durante quatro décadas, muitas das mentes científicas mais brilhantes. Milhares de livros didáticos tiveram de ser revisados quando esse falso ancestral humano foi desmascarado. Os responsáveis pela fraude jamais foram identificados. No entanto, diversas pessoas estiveram sob suspeita, incluindo Dawson (que morreu em 1916), Arthur Keith – um antropólogo e anatomista eminente que defendeu, vigorosamente, a ideia de que o crânio e o maxilar inferior pertenciam à mesma cabeça e de que o fóssil era, de fato, o "elo perdido" – e, até mesmo, Arthur Conan Doyle, o criador de Sherlock Holmes, que morava em Sussex e jogava golfe em Piltdown.

O PLANETA NIBIRU

Um planeta fictício para acabar com o mundo

Você sabia que, a cada 3.600 anos, há um planeta perigoso orbitando em redor do Sol?

Esse planeta se chama Nibiru, e ele esteve prestes a entrar no Sistema Solar e colidir com a Terra – no dia 21 de dezembro de 2012, é claro, quando, segundo O CALENDÁRIO MAIA, p. 122, os eventos cataclísmicos ocorreriam. E mais: se você acredita em teorias da conspiração, a NASA estava acompanhando esse planeta, mas mantendo-o em segredo.

Como será que um planeta, jamais registrado por astrônomos e cientistas espaciais, se tornou tão popular a ponto de haver milhões e milhões de sites dedicados a ele? A história do planeta Nibiru começou em 1976, quando Zecharia Sitchin afirmou em seu livro, *The Twelfth Planet* [*O décimo segundo planeta*, Madras, 2012], que existe um planeta desconhecido que fica além de Netuno. Ele disse ter encontrado e traduzido textos sumérios que revelam que a Terra foi, certa vez, atingida por um imenso planeta chamado Nibiru. A colisão deslocou a Terra para a sua órbita atual e criou a Lua e o cinturão de asteroides.

A Suméria, uma civilização urbana que prosperou às margens dos rios Tigre e Eufrates, na Mesopotâmia (hoje o Iraque), do século XXIII a.C. até o século XVII a.C., foi, de fato, uma importante civilização antiga, porém os sumérios deixaram pouquíssimos registros sobre astronomia. Segundo David Morrison, um cientista veterano da NASA, os sumérios nem sequer eram familiarizados com a ideia de que os planetas orbitavam ao redor do Sol, uma ideia que apareceu, pela primeira vez, na Grécia antiga, 2 mil anos após o fim da civilização suméria. Os sumérios desconheciam a existência de Urano, Netuno e Plutão.

Morrison contesta, inclusive, a ideia de que eles tinham um

deus chamado Nibiru. O nome aparece no "Enuma Elish", um poema babilônico sobre a criação do mundo escrito no século XVII a.C., séculos depois da existência dos sumérios. O poema está associado ao deus Marduk, que, geralmente, é aceito como uma referência ao planeta Júpiter. Morrison enfatiza que o resto da história é produto da imaginação de Sitchin.

Tal como Erich von Daniken (p. 22) e Immanuel Velikovsky (p. 57), Sitchin parte do princípio de que histórias antigas não são mitos, mas fatos científicos. O fato é que o planeta Nibiru simplesmente não existe.

Estava previsto, inicialmente, que o planeta Nibiru atingiria a Terra em maio de 2003. Em 2011, os catastrofistas reajustaram a data para 21 de dezembro de 2012 para que a colisão coincidisse com outros acontecimentos catastróficos, como A INVERSÃO GEOMAGNÉTICA E O DESLOCAMENTO POLAR (p. 163). O foco do temor do fim do mundo, assim como as datas em que devem ocorrer, continua mudando.

Não há como fugir da pergunta: por que nos preocuparmos com uma ciência barata quando podemos nos preocupar com a ciência de verdade, como a que se ocupa de estudar as mudanças climáticas?

Às vezes, os catastrofistas confundem Nibiru com o PLANETA X (p. 161), o nome genérico dado a qualquer planeta suspeito ou possível de existir para além de Plutão ou Éris, o planeta anão descoberto recentemente.

Veja também O APOCALIPSE, p. 26.

O PLANETA X

A saga de um planeta desconhecido

Os antigos conheciam somente cinco planetas – Mercúrio, Vênus, Marte, Júpiter e Saturno, todos batizados em homenagem a deuses romanos.

Até 1543, quando o grande astrônomo Nicolau Copérnico declarou que "a Terra era apenas um dentre muitos objetos errantes", acreditava-se que a Terra não se movia e não era um planeta.

A descoberta de Urano, em 1781, apresentou um problema aos astrônomos: eles sempre o encontravam nos lugares errados do céu; o planeta, ao que parecia, estava saindo da órbita prevista. Será que havia um planeta desconhecido, que ficava além de Urano, tirando-o da sua órbita?

Mesmo após a descoberta de Netuno, em 1846, Urano continuou se comportando de forma imprevisível. Em 1895, Percival Lowell, um astrônomo americano rico, sugeriu que um planeta desconhecido estava afetando as órbitas de Urano e Netuno. Ele o batizou de Planeta X (X para indicar que era desconhecido) e começou a procurá-lo a partir do Observatório Lowell, localizado perto de Flagstaff, no Arizona, e o qual ele havia construído, em parte, justamente para procurar o Planeta X. Lowell passou dez anos procurando-o, mas não encontrou nada. Frustrado, ele morreu em 1916. Entretanto, seu observatório continua em funcionamento.

Após a descoberta de Plutão, em 1930, os astrônomos se perguntaram: "Será que ele é o Planeta X?". Não. Plutão é tão pequeno que não exerce influência considerável no movimento de Urano ou Netuno. Nos anos 1990, alguns astrônomos recalcularam as massas de Júpiter, Saturno, Urano e Netuno, usando dados obtidos durante voos da sonda espacial Voyager, e concluíram que Urano e Netuno estavam nas trajetórias corretas. Na realidade, não existe Planeta X algum afetando as órbitas de Urano e Netuno.

Agora, Plutão foi incluído em uma nova classe de corpos celestes, chamados de planetas anões (há somente oito planetas no "novo" Sistema Solar). Essa nova categoria também inclui Ceres, descoberto em 1801. Em 2003, astrônomos americanos descobriram um corpo celeste que acreditavam ser o Planeta X. De modo informal, eles o batizaram de Xena, um brincadeira em referência ao Planeta X (em 2006, ele foi oficialmente batizado de Éris). Tal como Plutão, porém maior do que ele, Éris é uma esfera rochosa coberta de metano congelado que se encontra a uma distância quase três vezes maior do Sol do que Plutão, o que faz dele o objeto mais distante já observado no Sistema Solar. Éris também foi classificado como um planeta anão.

O mito do Planeta X recusa-se a morrer. Os teóricos da conspiração afirmam que a órbita desse misterioso e ameaçador planeta está se aproximando da Terra e provocando alterações climáticas extremas e terremotos gravíssimos. Segundo eles, essa aproximação também é responsável pelo aumento das erupções solares que ocorrem na superfície do Sol. As erupções solares aumentam e diminuem lentamente, ao longo de anos. Quando uma erupção solar atinge o seu ponto máximo, libera ondas de energia que afetam o campo magnético da Terra, o que, por sua vez, pode causar danos à rede elétrica e a satélites de comunicação. Em 1989, uma erupção solar fulminou uma das redes elétricas do Canadá, deixando milhões de pessoas sem eletricidade durante horas.

Veja também O PLANETA NIBIRU, p. 159.

A INVERSÃO GEOMAGNÉTICA E O DESLOCAMENTO POLAR

Não é o fim do mundo

A Terra possui um campo magnético fortíssimo que se estende por quase 60 mil quilômetros.

Podemos imaginar esse campo magnético como um grande imã em forma de barra, dentro da Terra. Ele tem polos norte e sul e se movimenta lentamente. Atualmente, os polos geográficos da Terra não estão apontando na mesma direção que os polos magnéticos. Há, entre eles, uma diferença de mais ou menos 11 graus.

Quando certas rochas são formadas, pequenos grãos de ferro agem como minúsculas bússolas e se alinham no sentido do campo magnético da Terra. Quando a rocha se solidifica, essas pequenas "bússolas" ficam presas no lugar. Dessa forma, o campo magnético é "fossilizado" nas rochas. O estudo dessas rochas mostra que, no passado, os polos magnéticos muitas vezes se inverteram, ou seja, giraram 180 graus. Nos últimos 10 milhões de anos, ocorreram, em média, quatro ou cinco inversões a cada milhão de anos. A última foi há cerca de 780 mil anos, quando as agulhas das bússolas teriam apontado para o sul. As inversões geomagnéticas são resultado do movimento do ferro derretido no núcleo externo da Terra.

Alguns cientistas observam um enfraquecimento do campo magnético da Terra em uma certa região sobre o Atlântico, próxima à costa do Brasil. Essa distorção incomum do campo magnético, conhecida como a "anomalia magnética do Atlântico Sul", motivou os adeptos do apocalipse a relacioná-la ao CALENDÁRIO MAIA (p. 122) e aos eventos catastróficos que eles acreditavam que ocorreriam no dia 21 de dezembro de 2012.

Embora o campo magnético da Terra, cujo formato lembra uma lágrima, nos proteja de radiações mortais, tais como raios cósmicos, a atmosfera, por sua vez, também age como uma cobertura adicional que detém grande parte das radiações de alta energia. Não há uma relação clara entre as inversões geomagnéticas e as extinções em massa ocorridas no passado. Certos animais, como os pombos e as baleias, dependem do campo magnético terrestre para se orientar. As inversões geomagnéticas, no entanto, não acontecem do dia para a noite, mas levam dezenas de milhares de anos. As gerações futuras desses animais certamente se adaptarão às mudanças no campo magnético da Terra.

Segundo os catastrofistas, se as inversões geomagnéticas não acabarem com o mundo, então os deslocamentos polares o farão. Será que um deslocamento polar repentino poderia significar o fim da civilização?

Em 1842, Joseph Adhemar, um matemático francês, publicou um livro no qual afirmava que o derretimento e o desmoronamento das calotas polares poderiam fazer com que a Terra, devido à desestabilização do seu centro de gravidade, sofresse uma reviravolta. Essa ideia foi retomada por Charles Hapgood, um professor americano de história que, nos anos 1950, publicou um livro chamado *The Path of the Pole* [A rota do polo, tradução livre], no qual sugeriu que massas de gelo crescentes, acumuladas perto de um polo, poderiam fazer com que a crosta rígida da Terra deslizasse sobre o seu núcleo derretido. Isso deslocaria a região polar em direção ao Equador. Em outras palavras, causaria um deslocamento polar que, por sua vez, causaria um tsunami de proporções globais.

Hapgood conseguiu, inclusive, convencer Einstein a escrever o prefácio do seu livro. Nele, Einstein observou: "Sem dúvida, a crosta terrestre é forte o bastante para não ceder, proporcionalmente, à medida que o gelo se deposita".

Mais recentemente, a hipótese do deslocamento polar conquistou o apoio de Adam Maloof, um geólogo da Universidade de Princeton. Ele acredita que o deslocamento polar é um processo fascinante e fundamental da história geológica, mas que não tem nada a ver com qualquer cenário apocalíptico. Segundo ele, a erupção de um enorme vulcão nas regiões polares, o impacto de um meteorito ou o derretimento das calotas polares pode provocar um leve deslocamento dos polos. Deslocamentos polares drásticos ocorreram no passado – o último aconteceu há 800 milhões de anos. Todavia, ele já vinha se processando há, pelo menos, um milhão de anos.

Você pode apostar, sem medo de perder, que não haverá nenhuma inversão geomagnética ou deslocamento polar durante sua vida.

Veja também O APOCALIPSE, p. 26; O PLANETA NIBIRU, p. 159.

ÁGUA POLIMERIZADA

Contaminada com sílica e tolice

A incrível história da "poliágua" começou em 1962, quando N. N. Fedyakin, um cientista russo, alegou ter descoberto um líquido semelhante à água, que ele batizou de "água anômala".

Essa substância viscosa era formada durante a condensação de vapor d'água em tubos capilares de quartzo. Argumentou-se que ela era mais pesada e mais viscosa do que a água; ela fervia a, mais ou menos, 540 °C e congelava a -40 °C, transformando-se em uma substância vítrea que pouco se parecia com gelo.

A descoberta enganou centenas de cientistas ao redor do mundo que, entre 1962 e 1974, produziram uma vasta série de trabalhos de pesquisa descrevendo suas incríveis propriedades. Alguns respeitados cientistas americanos chegaram a conjeturar que se tratava de uma forma de água na qual as moléculas estão unidas em longas correntes, ou polímeros, como aqueles presentes em plásticos, e lhe deram o nome de "poliágua". Outros estavam assustados com a possibilidade de que, caso ela fosse levada para fora do laboratório, se propagaria alimentando-se de água natural, transformando, assim, a Terra em um planeta congelado, tal como Vênus.

A bolha de entusiasmo científico estourou quando uma análise cuidadosamente controlada de minúsculas amostras da substância, fornecidas por Fedyakin, mostraram que ela estava contaminada com compostos orgânicos. A "poliágua" só podia ser produzida em tubos capilares de quartzo. O quartzo é sílica, ou dióxido de silício, e levemente solúvel em água. A "poliágua" nada mais é do que água contaminada com sílica.

Quando a "poliágua" desapareceu do mundo científico, encontrou um novo lar no universo da série de ficção científica *Star Trek* [*Jornada nas estrelas*], o seu verdadeiro lugar.

Por que será que a "poliágua" se tornou um assunto de pesquisa tão popular apesar do fato de que poucos cientistas haviam, realmente, testado a substância? Grande parte do frenesi referente à "poliágua" foi alimentado pela ampla cobertura da mídia. Quando se tornou um assunto popular, muitos cientistas aproveitaram a oportunidade para atrair a atenção da mídia e dos seus membros. Até os cientistas gostam de ter seus 15 minutos de fama. Esse não foi, definitivamente, o momento mais glorioso da ciência. Placar: tolice, 1; ciência, 0.

A PSICANÁLISE

Ainda no divã do terapeuta

Talvez você jamais tenha lido sequer uma palavra das obras mais importantes de Freud – *A Interpretação dos sonhos* (1900) e *Três ensaios sobre a Teoria da Sexualidade* (1905) – mas é provável que conheça alguns termos freudianos: complexo de Édipo, id, ego, superego, sublimação sexual, desejos reprimidos, entre outros.

E você não pode dizer que jamais cometeu um lapso freudiano (um erro involuntário na fala que Freud teria explicado como uma mensagem do seu inconsciente tentando revelar seus pensamentos e sentimentos reprimidos).

A psicanálise freudiana se baseia na crença de que nossas emoções, assim como nosso comportamento, são resultado de temores e desejos inconscientes. O passado molda o presente, e, se conseguirmos fazer recuar a fonte dos nossos temores e desejos inconscientes às suas origens históricas – em geral, nossas experiências da infância – seremos capazes de compreender nossos problemas e lidar melhor com as realidades da vida. Tudo que precisamos fazer é nos deitar no divã do terapeuta e falar sobre qualquer coisa que nos venha à mente, e, dessa forma, pouco a pouco, a causa dos nossos problemas atuais começará a aparecer.

A influência de Freud no pensamento ocidental é extraordinária. Ele mudou completamente a forma como nos vemos, mas, ainda assim, a questão permanece: será que a psicanálise é uma ciência ou uma pseudociência? Ainda não foi comprovado, empiricamente, que a psicanálise é uma ciência; por outro lado, também não foi provado que se trata de charlatanice. Os céticos continuam a desafiá-la, porém, até agora, nenhuma teoria melhor apareceu para substituí-la por completo.

"Se muitas vezes errava e outras era ridículo / para nós ele não é mais uma pessoa / mas todo um clima de opinião." Esse comentário, feito por W. H. Auden em um poema de 1940, pouco tempo após a morte de Freud, continua verdadeiro, e o atual clima de opinião parece bastante nebuloso.

A TELECINESIA

A ação da mente sobre a matéria

A telecinesia é a suposta capacidade de mover objetos
só pelo esforço mental.

Em poucas palavras, é a ação da mente sobre a matéria. Reconhecida por diversas culturas desde os primórdios da história, a telecinesia ganhou enorme popularidade no começo dos anos 1970, quando Uri Geller, o paranormal israelense, aparecia em programas de televisão do mundo todo alegando que conseguia entortar colheres e outros objetos de metal com a força do pensamento. "A Força", dominada pelos cavaleiros Jedi nos famosos filmes da série *Star Wars* [*Guerra nas estrelas*], também é um exemplo de telecinesia.

Conforme foi demonstrado, o truque de Geller de entortar colheres era resultado da rapidez e destreza de suas mãos, e não de poderes paranormais. "A Força" não passa de ficção científica. Contudo, quantidade nenhuma de fraudes e truques desmascarados é capaz de convencer aqueles que acreditam fielmente em poderes paranormais.

A telecinesia é, comprovadamente, incompatível com as leis da física, o que cria um problema para os cientistas que desejam estudá-la. Outro problema, segundo o físico teórico americano Michio Kaku, é que os cientistas são facilmente enganados por aqueles que alegam ter poderes paranormais. "Cientistas são treinados para crer no que observam no laboratório", diz ele. "Mágicos que alegam ter poderes paranormais, por outro lado, são treinados para enganar os outros por meio de ilusões de ótica. Por essa razão, os cientistas têm sido péssimos observadores de fenômenos paranormais." Einstein colocou a questão de forma sútil: "A natureza esconde seus segredos utilizando-se de sua intrínseca riqueza e não de malícia".

Essas opiniões não impediram o Dr. Robert G. Jahn, um professor de engenharia, de fundar o *Princeton Engineering Anomalies Reserch Laboratory* [Laboratório de Pesquisa de Anomalias na Engenharia de Princeton, tradução livre], na Universidade de Princeton, em 1979. Até o seu fechamento, em 2007, o laboratório conseguiu, de acordo com o jornal *New York Times*, "envergonhar administradores da universidade, ofender ganhadores do prêmio Nobel... e ser manchete ao redor do mundo em virtude dos seus esforços para provar que o pensamento pode alterar o resultado de um evento".

O evento mais analisado pelo laboratório do Dr. Jahn foi o "cara e coroa". A teoria da probabilidade nos diz que, quando jogamos uma moeda para cima, há 50% de chance de dar cara ou coroa. A equipe do Dr. Jahn desenvolveu um experimento que era equivalente ao "cara e coroa". Voluntários ficavam sentados em frente a uma caixa eletrônica, mas sem ter qualquer ligação física com a máquina, que exibia, aleatoriamente, números um pouco maiores ou menores do que 100. Em seguida, tentavam influenciar o resultado pensando "maior" ou "menor" para que saísse um número maior ou menor do que sairia ao acaso.

Quando os pesquisadores procuraram por diferenças entre o resultado produzido pela máquina e o gerado ao acaso, após mais de 2 milhões de "cara e coroas" realizados ao longo de duas décadas, observaram que os efeitos eram sutis, porém incríveis. Os "pensamentos" dos voluntários estavam alterando, aproximadamente, um número a cada mil. Em outras palavras, se jogássemos "cara e coroa" mil vezes, a telecinesia conseguiria influenciar apenas um desses lances. Os cientistas descartam esses e outros dados similares, considerando que tais diferenças minúsculas poderiam ter sido causadas por tendências sutis e ocultas relacionadas ao *design* do experimento. Se você discorda, talvez devesse experimentar a telecinesia em frente a um caça-níquel. Pense positivo, seja carinhoso com a máquina e veja se, em troca, ela lhe dará o prêmio máximo.

Os entusiastas da telecinesia, evidentemente, insistem que a mente humana é capaz, em graus variados, de influenciar o ambiente físico. Entretanto, ninguém elaborou uma teoria satisfatória para explicar essa alegação. Alguns se voltaram para a mecânica quântica para explicar como a mente pode afetar a matéria (veja O MISTICISMO QUÂNTICO, p. 174).

Veja também A PERCEPÇÃO EXTRASSENSORIAL, p. 82.

O PODER DAS PIRÂMIDES

Uma forma gratuita de afiar as suas lâminas de barbear (caso você as use)

Em outubro de 1931, Gilbert Coleridge, um leitor do jornal *The Times*, escreveu uma carta ao editor sobre o seu experimento acerca da magnetização de giletes: "Imaginei que se orientasse, pela bússola, o fio de minhas giletes no sentido norte-sul, isso poderia afetar favoravelmente o seu tempo de vida útil".

O experimento, repetido durante 72 dias, indicava que o magnetismo terrestre tinha, de fato, o poder de aumentar a vida útil média de uma gilete. "Será que algum dos seus leitores pode esclarecer essa questão?", perguntou ele. Bom, é esperado que se leve em conta a pergunta de um cavalheiro cujo nome combina o de William Gilbert (o cientista inglês que, em 1600, foi a primeira pessoa a se dar conta de que a própria Terra é um imã gigante) e o de Samuel Taylor Coleridge (o poeta inglês mais conhecido pelo poema *The Rime of the Ancient Mariner* [*A balada do velho marinheiro*, Ateliê, 2005], de 1798). No entanto, como não houve uma discussão animada, na seção de cartas ao jornal, sobre a parte científica (ou poética) da questão, podemos concluir, apenas, que os leitores do *The Times* não se sentiram estimulados pela ideia de obter uma gilete mais duradoura observando-a, ingenuamente, boiar, orientada no sentido norte-sul, sobre uma rolha dentro de uma bacia d'água.

Essa ideia de afiar giletes sem gastar energia apareceu novamente em 1959, quando o escritório de patentes da antiga Tchecoslováquia concedeu uma patente a Karel Drbal, um engenheiro de radiofrequência. Seu dispositivo era simples: uma pirâmide oca, de preferência de quatro faces com uma base quadrada, feita de material não condutor, tal como papel grosso, papelão ou plástico. A patente aconselhava que a gilete fosse colocada, orientada no sentido norte-sul, sobre um objeto não condutor, e fosse, em seguida, coberta pela pirâmide de tal forma que as paredes da pirâmide apontassem nas direções norte, sul, leste e oeste. Drbal sustentava que a sua invenção poderia contribuir para a economia de materiais valiosos e energia.

No início dos anos 1970, Patrick Flanagan, um inventor americano, deu sequência à ideia de Drbal sobre as pirâmides dizendo que as antigas pirâmides do Egito, bem como seus modelos em miniatura, geravam formas especiais de energia. Para explicar esse fenômeno, cunhou o termo "poder das pirâmides", e escreveu diversos livros sobre o assunto.

Outras pessoas também testaram os poderes sobrenaturais das pirâmides, prometendo que, além de afiar giletes, modelos piramidais podiam ser usados para conservar alimentos, manter o leite fresco, desenvolver a memória, acalmar crianças, curar ferimentos e hematomas, aumentar a energia psíquica e assim por diante. Nos anos 1970, tais promessas ajudaram alguns fabricantes de pirâmides de papelão a ganhar milhões de dólares.

No mundo atual, carente de energia, qualquer ideia que possa inspirar tecnologias que ajudem a economizá-la merece ser considerada com seriedade. É uma pena que nenhum experimento científico jamais teve sucesso em tirar proveito do poder, natural ou sobrenatural, das pirâmides.

Em 2005, o programa *Mythbusters*, do Discovery Channel, também realizou uma série de experimentos para verificar as afirmações dos defensores do poder das pirâmides. Conclusão: o poder das pirâmides é fictício.

A CURA QUÂNTICA

O aspecto não físico da terapia holística

A energia, na radiação eletromagnética, não flui de forma contínua, mas em pequenos "pacotes", chamados de *quanta* (singular: *quantum*).

Quando partículas emitem energia, o fazem somente na forma de *quanta*. Para quem não é físico, essa é a essência básica da teoria quântica. A teoria foi proposta, em 1900, pelo físico alemão Max Planck.

A ideia deu origem à mecânica quântica, que lida com o comportamento da natureza no nível atômico. Ela propunha que os eventos, no nível atômico, ocorrem de forma aleatória. Isso significou o fim do determinismo, e introduziu a noção de incerteza: é impossível descobrir, simultaneamente e com exatidão, a posição e o *momentum* de uma partícula. Medir as duas coisas ao mesmo tempo exige duas ações: o ato de realizar a primeira medida "perturbará" a partícula e, dessa forma, criará incerteza na segunda medida. Isso significa que o simples ato da observação altera o comportamento dos objetos. Será que a realidade muda quando tentamos observá-la?

A mecânica quântica é assombrosa. Até o físico Richard Feynman, muitíssimo brilhante, admitiu, certa vez, que ela "parece peculiar e misteriosa a todos, tanto aos físicos novatos quanto aos experientes".

O que será que uma teoria sobre a matéria tem a ver com a mente e o corpo? Nada, mas isso não impediu os gurus da "Nova Era" de colocar a "mecânica quântica" a serviço das suas autodenominadas "práticas de terapia holística".

Na linha de frente do movimento da terapia holística está Deepak Chopra, um endocrinologista, líder espiritual e autor de vários *best-sellers*, que desenvolveu a ideia de curar o corpo e a mente a partir do nível quântico. Ele defende que a "cura quântica é a capacidade de um modo de consciência (a mente) corrigir, de maneira espontânea, os equívocos de outro modo de consciência (o corpo)", e que doenças e até mesmo o processo de envelhecimento podem ser eliminados pelo poder da mente.

Chopra diz que a dualidade mente-corpo é a principal causa de todas as doenças, e que podemos curar todos os nossos males pela aplicação de poder mental adequado. Ele afirma que, "pela simples focalização da nossa consciência sobre a fonte de uma dor, podemos fazer com que a cura comece, pois o corpo envia, naturalmente, energia terapêutica a qualquer lugar sobre o qual a atenção é focalizada". Há estudos que mostram que existe, de fato, uma relação entre mente, doença e cura, mas será que a mente é capaz de controlar doenças graves, tais como o câncer?

A cura quântica é uma mistura de ideias retiradas da mecânica quântica, da antiga metafísica hindu e da Ayurveda, o antigo método de cura hindu. Essa charlatanice quântica carece de evidências robustas – ou mesmo frágeis – e, ainda assim, atrai milhões de pessoas inteligentes e educadas. Por quê? Quando as pessoas leem, nos meios de comunicação populares, artigos sobre ideias científicas especulativas, tais como a matéria espelhada, os buracos de minhoca no espaço-tempo, o teletransporte quântico, as supercordas que vibram em 11 dimensões e os universos paralelos, elas tendem a acreditar nelas sem se dar conta de que a ciência evolui pela produção de hipóteses e de que, por outro lado, nem todas as hipóteses se tornam ideias científicas aceitas. A ideia fascinante de um universo cheio de mistérios leva as pessoas a acreditar que tudo é possível, e que podemos alcançar o que Chopra chama de "corpo sem idade, mente sem fronteiras" apenas pelo poder da consciência.

A palavra *quantum* utilizada no contexto da cura de doenças teria horrorizado Planck, da mesma forma que horroriza os físicos modernos. Embora sua teoria tivesse previsto a existência dos *quanta*, assim como a dos fótons – um fóton é uma partícula elementar que representa um *quantum* de luz ou de outra radiação eletromagnética –, ele tinha dúvidas a respeito da sua realidade. Certa vez, ele visitou um laboratório de física no qual observou, em ação, um dispositivo que contava fótons com cliques audíveis. Por algum tempo, ficou parado, apenas escutando. Em seguida, sorriu e murmurou: "Então eles realmente existem."

Será que a cura quântica existe? Devemos aplicar à cura quântica o mesmo ceticismo que Planck aplicou à sua teoria quântica.

Veja também O MISTICISMO QUÂNTICO, p. 174

O MISTICISMO QUÂNTICO

Será que a mecânica quântica pode salvar a sua alma?

Ao nível quântico, a matéria apresenta uma natureza dual: às vezes, partículas se comportam como ondas e, às vezes, como partículas.

A luz, por exemplo, assim como outras formas de radiação eletromagnética, é transportada em fótons que são guiados ao longo do seu caminho por ondas. Isso é chamado de dualidade onda-partícula: ondas e partículas não são entidades distintas, mas características da mesma substância. Em um dado momento, determinar se uma entidade é uma partícula ou uma onda depende do que estivermos medindo. Se medirmos sua posição, concluiremos que é uma partícula, mas, se medirmos seu comprimento de onda, concluiremos que é uma onda. Além disso, a medição de uma variável afetará o valor que a outra variável terá em uma medição futura. Isso cria incerteza em uma medição, já que o valor a ser obtido em medições futuras é imprevisível.

Na mecânica quântica, podemos apenas calcular probabilidades, enquanto na física clássica pré-quântica, calculávamos o que de fato acontece. Einstein detestava a natureza probabilística da mecânica quântica e pensava que, sob alguns aspectos, o universo era determinista. "Deus não joga dados", gostava de dizer. Niels Bohr, que propôs o modelo quântico do átomo, certa vez retrucou: "Quem é você para dizer a Deus o que fazer?". E Stephen Hawking (famoso pelo livro *A Brief History of Time* [*Uma breve história do tempo*, Rocco, 1988]) também deu sua espirituosa contribuição: "Deus às vezes joga dados onde eles não podem ser vistos".

O conceito enigmático da dualidade onda-partícula levou alguns estudiosos à ideia de que a verdadeira natureza do universo não é objetiva, mas depende da consciência do observador. Isso, por sua vez, levou à difusão da noção de que existem paralelos entre a mecânica quântica e o misticismo.

Em 1975, Fritjof Capra, um professor da Universidade de

Berkeley, Califórnia, explorou em seu livro *O Tao da Física* (Cultrix, 1975) "os paralelos entre a física moderna e o misticismo oriental". A tese central do livro de Capra, interessante e muitíssimo bem-sucedido, é a de que "em harmonia com a sabedoria oriental, uma visão consistente do mundo está começando a emergir da física moderna". Sua "sabedoria oriental" deriva dos princípios do budismo, do hinduísmo e do taoismo. Sua "visão consistente" inclui: (1) uma visão holística da realidade – não há observador separado da realidade e não há realidade separada do observador; (2) há uma realidade fundamental que unifica e sobre a qual se baseiam as múltiplas coisas e eventos que observamos; (3) paradoxos, tais como a dualidade onda-partícula, são fontes fundamentais de entendimento; (4) os místicos têm uma compreensão intuitiva do conceito relativista moderno de espaço-tempo; e (5) a equivalência entre o campo quântico e o *ch'i*, o conceito chinês de energia natural do universo.

O livro de Capra transformou *quantum* em uma palavra de efeito que é hoje usada para conferir respeitabilidade científica à espiritualidade pseudocientífica da "Nova Era". A mecânica quântica é distorcida e usada para insinuar que, em algum nível, a realidade está sob o controle das nossas mentes ou que fenômenos paranormais, tais como EXPERIÊNCIAS EXTRACORPÓREAS (p. 144), são exemplos da operação não local da consciência.

O mundo da mecânica quântica está mais misterioso do que nunca, mas, ainda assim, não é preciso lançar mão do misticismo oriental para explicá-lo. A crença é necessária para a nossa sobrevivência, mas o misticismo quântico não.

Bhagavad Gita, uma das escrituras sagradas do hinduísmo, descreve três tipos de conhecimento:

"Quando enxergamos a Eternidade nas coisas que passam, e a Infinitude nas coisas finitas, possuímos o conhecimento puro.

Porém, se enxergamos apenas a diversidade das coisas, com suas divisões e limites, possuímos, então, o conhecimento impuro.

E se, de forma egoísta, enxergamos algo como se fosse tudo, independente do uno e do múltiplo, então nos encontramos nas trevas da ignorância."

A pergunta é: qual deles o misticismo quântico está pregando?

Veja também A CURA QUÂNTICA, p. 172.

O TESTE DOS BORRÕES DE RORSCHACH

A tinta invisível e inexata

Em 1921, Hermann Rorschach, um psiquiatra suíço, publicou uma monografia intitulada *Psychodiagnostik* [Psicodiagnóstico], na qual apresentava uma série de dez borrões de tinta que seriam usados para investigar a personalidade.

Na escola, Rorschach foi apelidado de *Kleck* (borrão de tinta) pelos seus amigos, pois gostava de fazer desenhos criativos a partir de borrões de tinta.

A klecksografia, que consiste em fazer um borrão de tinta em um papel e então dobrá-lo ao meio para obter a figura de uma borboleta ou de um pássaro, era um jogo muito popular, nos anos 1920, entre as crianças suíças. Rorschach faleceu em 1922, aos 37 anos de idade, quando tinha acabado de começar a ampliar a aplicação do seu teste, antes limitada a pacientes com problemas psicológicos, a pessoas "normais". Rapidamente, seu teste se transformou, no mundo todo, em um clichê quando o assunto era testes psicológicos.

Os mesmos dez cartões de Rorschach continuam sendo usados ainda hoje. Cada um deles possui um borrão de tinta simétrico: cinco borrões têm as cores preta e cinza, dois têm as cores preta e vermelha, e três são multicoloridos. Um examinador entrega um cartão de cada vez ao paciente e lhe pergunta o que ele vê, ou pensa que vê. O paciente tem permissão para virar o cartão para vê-lo de ângulos diferentes. Argumenta-se que as respostas são "projeções" da personalidade do paciente. Os ambíguos borrões contam uma história diferente a cada pessoa. Defensores do teste sustentam que as associações que, à primeira vista, parecem ser aleatórias, na verdade revelam aspectos profundos da personalidade, e psicólogos experientes podem usar suas interpretações dos borrões para extrair conclusões sobre sua constituição emocional.

Desde 1950, muitos psicólogos vêm descartando o teste de Rorschach, considerando-o, por sua natureza, "subjetivo" e "projetivo", ou seja, uma mera variação da leitura de cartas de tarô; mas o teste ainda é aplicado por vários psicólogos, em especial nos Estados Unidos.

Depois de analisar uma grande quantidade de estudos sobre o teste de Rorschach, os psicólogos americanos Scott O. Lilienfeld, James M. Wood e Howard N. Garb chegaram à conclusão de que o teste "não está equipado para identificar grande parte dos problemas psiquiátricos – salvo notáveis exceções, tais como a esquizofrenia e outros distúrbios marcados por pensamentos desordenados... o método não detecta, de forma consistente, a depressão, os distúrbios de ansiedade ou a personalidade psicótica" (*Scientific American*, maio de 2001). Segundo eles, o teste, quando aplicado a minorias, pode ser ainda mais enganoso, e o estudo reunido levanta sérias dúvidas a respeito do seu uso nos consultórios de psicoterapia ou nos tribunais.

Em 2009, a Wikipédia publicou os dez borrões de tinta do próprio Rorschach, acompanhados de interpretações-padrão dos mesmos (en.wikipedia.org/wiki/Rorschach_test). O borrão acima é o segundo da série. O corpo principal da figura é preto e cinza, exceto pelas duas "cabeças" na parte de cima e as duas "pernas" embaixo, que são vermelhas. Segundo a Wikipédia, quando perguntados sobre o que veem no borrão, três respostas frequentes dadas pelos pacientes são: (1) dois seres humanos, (2) um animal de quatro patas, e (3) um animal: um cachorro, um elefante, um urso. Alguns comentários frequentes dos psicólogos são: "Os detalhes em vermelhos, em geral, são vistos como sangue, e são os traços que mais se destacam. A forma como um determinado paciente responde a eles pode fornecer indícios sobre a forma com que ele, provavelmente, lidaria com sentimentos de raiva ou com o sofrimento físico. Esse cartão pode induzir uma série de reações sexuais".

A revista *Psychology Today* (novembro/dezembro de 2009) publicou um humorístico "guia do falso diagnóstico", com foco nesse borrão. Eis um trecho dele: "Se enxergar um raio X, pode ser que você seja um psicanalista; se enxergar folhas de chá, você está analisando os analistas, pensando que eles projetam, sobre os resultados, aquilo que querem ver... alguns deles usam técnicas de leitura de mão para enganar os outros, e muitos deles estão genuinamente enganados quanto à validade do teste".

O Sudário de Turim
Desvendando o mistério

O Sudário de Turim vem sendo venerado, há séculos, como o pano que teria sido usado para cobrir o corpo de Jesus Cristo após a crucificação.

Essa longa peça de linho, com 4,3 metros de comprimento, exibe o que parece ser a marca sangrenta do corpo de um homem nu, deitado com as mãos cruzadas sobre a barriga. A imagem se assemelha a uma marca de queimado e aparece somente em um dos lados da peça; ela não permeou as fibras. Quando foi fotografada pela primeira vez, em 1898, por Secondo Pia, um advogado e fotógrafo amador italiano, a imagem se parecia com um negativo fotográfico.

Em virtude de ter chamado a atenção, pela primeira vez, em 1357, o sudário tem sido, frequentemente, taxado como uma falsificação europeia do século XIV. Em 1988, o Vaticano concordou em fazer uma datação por radiocarbono da relíquia. A datação por radiocarbono é uma técnica utilizada para determinar a idade de materiais orgânicos. Uma equipe internacional de cientistas analisou uma amostra do sudário, mais ou menos do tamanho de um selo postal, e concluiu que ele havia sido produzido entre 1260 e 1390. Isso fez com que o arcebispo de Turim, detentor da custódia do sudário, admitisse que ele não passava de uma fraude.

Entretanto, alguns mitos não são facilmente desmentidos. Muitos "estudiosos do sudário", como são chamados, argumentam que a amostra usada nos testes de 1988 havia sido retirada de um pedaço de tecido medieval que fora usado para remendar o sudário, que havia sido danificado durante um incêndio. O sudário foi, de fato, danificado durante um incêndio ocorrido, em 1532, na igreja na qual era mantido, e foi reparado por freiras, que remendaram os buracos com material novo. Em 2005, Raymond Rogers, um químico americano aposentado, afirmou que uma análise microquímica realizada em um pedaço do sudário do tamanho de um grão revelou que ele tinha entre 1.300 e 3 mil anos.

Detalhe da fotografia do Sudário de Turim tirada por Secondo Pia, em 1898.

A SINGULARIDADE

Quando os seres humanos serão fundidos com máquinas

O consenso geral é de que os seres humanos ainda estão evoluindo e, segundo alguns especialistas, provavelmente em um ritmo bastante rápido.

Sendo assim, para onde estamos nos encaminhando? Ray Kurzweil, um inventor e futurista americano, tem uma opinião interessante sobre o assunto. Ele diz que, em um futuro não muito distante, os seres humanos se fundirão com a tecnologia e a evolução biológica se tornará obsoleta. Essa "revolução da evolução no nosso planeta" criará seres dotados de uma inteligência superior à do ser humano. Ele chama essa nova era de "a Singularidade".

Em seu livro *The Singularity is Near: When Humans Transcend Biology* (2005) [A singularidade está próxima: quando os seres humanos transcendem a biologia, tradução livre], Kurzweil afirma: "À medida que nos aproximarmos de 2030, a parte não biológica da nossa inteligência irá predominar. Nos anos 2040, será bilhões de vezes mais capacitada do que a parte biológica".

Kurzweil divide a história presente e futura da evolução em seis épocas. "A singularidade terá início na Quinta Época e, na Sexta Época, se expandirá da Terra para o resto do universo", nos garante ele. As seis épocas são:

Primeira Época: A Física e a Química. Nessa época, que começou logo depois do Big Bang, a informação estava contida em estruturas atômicas, em especial em estruturas complexas, ricas em informação e tridimensionais, de átomos de carbono. O equilíbrio peculiar e delicado das leis físicas do universo é exatamente o que é preciso para que a codificação e a evolução da informação ocorram, resultando em níveis de organização e complexidade crescentes. A evolução, para Kurzweil, é um processo de criação de padrões de organização crescente.

Segunda Época: A Biologia e o DNA. Na segunda época, que teve início há bilhões de anos, o DNA forneceu o mecanismo digital perfeito para armazenar a informação e mantê-la como um registro dos experimentos evolucionários da época.

Terceira Época: Os Cérebros. A terceira época começou quando os animais primitivos desenvolveram a capacidade, que ainda responde pela grande maioria das atividades do nosso cérebro, de reconhecer padrões. Tal como épocas anteriores, essa época também propiciou uma mudança revolucionária ou paradigmática na evolução da informação: nesse momento, os organismos eram capazes de detectar informações com os seus órgãos sensoriais, processá-las e armazená-las em padrões neurais nos seus cérebros.

Quarta Época: A Tecnologia. O ritmo da evolução da tecnologia humana está aumentando. Esse aumento é exponencial (quando projetamos, em um gráfico, o crescimento em função do tempo, uma curva em forma de "J" demonstra um crescimento exponencial; uma linha reta demonstra um crescimento linear); um exemplo disso é o fato de que somente 14 anos transcorreram entre o desenvolvimento do PC e o da Web.

Quinta Época: A Fusão da Tecnologia Humana com a Inteligência Humana. Quando a Singularidade chegar, os homens-máquina superarão "problemas antigos e ampliarão imensamente a criatividade humana". Será que isso significa o fim das armas nucleares e das guerras, e que a raça dos homens-máquina viverá, para sempre, em paz e harmonia? Kurzweil não tem tanta certeza: "Além da criatividade humana, a Singularidade significará, também, a ampliação da capacidade de agirmos segundo as nossas tendências destrutivas e, sendo assim, sua história ainda não foi escrita por completo".

Sexta Época: O Despertar do Universo. Na última época da "evolução dos padrões da informação", nossa civilização (caso não se destrua durante a Quinta Época) inspirará o resto do universo com a sua criatividade e inteligência. Kurzweil, evidentemente, reconhece que essa inspiração só pode ocorrer quando os homens-máquina forem capazes de superar o limite que a velocidade da luz impõe à transferência de informações. Quando isso ocorrer, "a matéria e os mecanismos 'burros' do universo serão transformados em formas extremamente sublimes de inteligência".

"Esse é o destino do universo", declara ele.

O MISTÉRIO DE SÍRIUS

Os visitantes anfíbios da estrela Sírius

Em 1976, o autor americano Ray Kurzweil publicou um livro intitulado *The Sirius Mystery: New Scientific Evidence of Alien Contact 5.000 Years Ago* [O mistério de Sírius: Nova evidência científica de contato alienígena ocorrido há 5 mil anos], no qual afirmava que a Terra havia sido visitada por seres inteligentes do sistema estelar de Sírius.

Ele afirma que esses seres provavelmente eram anfíbios – "uma espécie de cruzamento entre homem e golfinho" – e deixaram conhecimentos astronômicos avançados que ainda estão presentes na tradição do povo Dogon, do Mali, África Ocidental.

Sírius é um sistema estelar binário que consiste de duas estrelas que orbitam uma ao redor da outra. Situado na constelação de *Canis Major* (o Cão Maior), está a apenas 8,6 anos-luz de distância. A maior das duas estrelas é chamada de Sírius A (ou Estrela do Cão). É a estrela mais brilhante do céu noturno (Vênus e Júpiter são, frequentemente, mais brilhantes, porém não são estrelas). Na Grécia antiga, o nascimento helíaco de Sírius marcava o período mais quente do verão, fato que deu origem à expressão "calor do cão". A companheira pouco visível da Sírius A foi descoberta em 1862. Conhecida como Sírius B (apelidada de Cachorrinho), ela não pode ser vista a olho nu. Alguns astrônomos observaram perturbações na órbita da Sírius B e se perguntaram se o sistema poderia ter uma terceira estrela, a Sírius C. Uma busca recente feita pelo telescópio espacial Hubble ainda não encontrou qualquer evidência para sustentar a existência de uma terceira estrela.

É pouquíssimo provável que um planeta habitável e semelhante à Terra orbite em torno da jovem Sírius A; ainda que o fizesse, é mais provável que desenvolva vida microbiana primitiva, e não inteligente. A estrela Sírius B é uma anã branca, uma antiga estrela moribunda que está resfriando. As anãs brancas possuem uma das formas mais densas da matéria. Nelas, também não há possibilidade de que a vida se desenvolva.

O antropólogo francês Marcel Griaule e seu aluno Germaine Dieterlen, que, de 1931 a 1951, trabalharam entre os Dogon, são conhecidos pelos seus estudos pioneiros da mitologia desse povo. Em um artigo de 1950, registraram que os homens da tribo detinham conhecimentos secretos, que eram revelados a Griaule à medida que o aceitavam como um homem honrado da tribo. O conhecimento secreto dizia respeito a uma companheira da estrela Sírius, invisível e muitíssimo densa, que se movia ao seu redor a cada cinquenta anos. Um desenho rudimentar dos Dogon, feito na areia, mostra a representação completa das posições e dos movimentos relativos das Sírius A, B e C. A Sírius B foi descoberta em 1862, mas a lenda Dogon, ao que tudo indica, já existe há séculos. A lenda Dogon também fala sobre uma "arca" que desceu ao chão em meios a ventos fortíssimos.

Essa lenda se reflete no formato das máscaras Dogon, que se assemelham a foguetes rudimentares.

Para os egípcios antigos, Sírius era a mais importante das estrelas; seu calendário se baseava no aparecimento dessa estrela. Munido de diversas fontes antropológicas, históricas, literárias e mitológicas, Temple procura mostrar que os Dogon eram, na realidade, descendentes dos egípcios antigos que fugiram durante o tumultuoso reinado do faraó Akhenaten. Ele também apresenta uma sofisticada colcha de retalhos de evidências para sustentar sua tese central.

Os críticos discordam da teoria provocadora de Temple segundo a qual os Dogon preservam uma tradição do que parece ter sido um contato com extraterrestres. De acordo com eles, as lendas Dogon provavelmente foram contaminadas pelos seus contatos com ocidentais. É possível que informações recebidas dos europeus tenham sido incorporadas às suas lendas. Em 1978, o astrônomo e escritor científico britânico Ian Ridpath escreveu na revista *Skeptical Inquirer*: "Toda a lenda Dogon sobre Sírius e suas companheiras está cheia de ambiguidades, contradições e equívocos absolutos, ao menos se tentarmos interpretá-la de forma literal". Em uma crítica publicada, em 1977, na revista especializada *International Journal of African Studies*, Ronald Davis, da Universidade do Oeste de Michigan, observou que o livro de Temple "é irritante, pois ele claramente deixa que seu entusiasmo obscureça o seu julgamento e o rigor da sua pesquisa... O Mistério de Sírius será aceito com entusiasmo pela ala dos lunáticos e, em contrapartida, ignorado por estudantes sérios de história e cultura da África Ocidental".

Veja também OS ANTIGOS ASTRONAUTAS, p. 22; O MISTÉRIO DE ÓRION, p. 142.

A COMBUSTÃO ESPONTÂNEA HUMANA

Será que beber demais pode transformá-lo em um "montículo de pó cinza"?

Krook, o dono de uma loja de sucata no romance *Bleak House* [*A casa soturna*], de Charles Dickens, estava "sempre embriagado". Certo dia, misteriosamente, foi transformado em um "montículo de pó cinza".

Dickens descreve o que sobrou quando, sem qualquer motivo aparente, Krook morreu: "Aqui está um pedaço de piso queimado; aqui está a tira de um pequeno maço de papéis queimados, mas não tão leve como de costume, aparentando ter sido mergulhada em alguma coisa; e aqui está... será o resto de um pequeno pedaço de lenha, partido, queimado e salpicado de cinzas brancas, ou será carvão? Oh, que horror! É ele que ESTÁ aqui! E isso, de que fugimos apagando a luz e derrubando uns aos outros na rua, é tudo que o representa".

Para matar Krook, o alcoólatra, Dickens pensou na ideia da combustão humana espontânea. A ideia, embora não fosse nova – ela era conhecida no mundo de Dickens do século XIX – alimentou a crença equivocada de que beber demais podia levar à combustão espontânea. A combustão humana espontânea é um fenômeno no qual o corpo, supostamente, explode em chamas sem qualquer fonte externa de calor e é, em poucos segundos, reduzido a uma pilha de cinzas gordurosas. Paradoxalmente, outros objetos ao redor permanecem relativamente intactos; um exemplo disso pode ser encontrado em outro romance do século XIX, *Jacob Faithful* [O Fiel Jacob, tradução livre], de Frederick Marryat: "Nada estava queimando – nem mesmo a cortina ao redor da cama de minha mãe parecia estar chamuscada... no centro da cama jazia uma massa preta".

No começo dos anos 1950, Lester Adelson, um ilustre patologista americano, investigou a fundo essa questão macabra, e concluiu que os casos de combustão humana espontânea poderiam ser facilmente explicados como acidentes ou (raramente) como homicídios, e descartou o fenômeno, considerando-o a "relíquia de uma época em que o gosto pelo assombroso, o incrível e o aparentemente inexplicável estimulava a mente e a imaginação de cientistas e leigos... Não é de se espantar que os efeitos causados pelas combustões tenham sido exagerados por escritores e sensacionalistas para melhor enfatizar um ponto de vista, um recurso jornalístico que também é utilizado atualmente".

Ora, esse recurso jornalístico continua vivo e forte. Mesmo nos dias de hoje, alguns casos de combustão humana espontânea ainda são noticiados, em especial quando a polícia e os investigadores de incêndios encontram corpos queimados, mas a mobília intacta. Alguns fatos: o corpo humano é, em sua maioria, composto de água e, com exceção de gorduras, tecidos e gás metano, nada em seu interior queima facilmente. O corpo humano vivo tem uma temperatura de 38 °C, mas o fogo queima a mais de 92 °C. De que forma, portanto, poderia um corpo incendiar a si próprio? Ainda que o fizesse, só poderia continuar queimando caso a temperatura superasse, ou pelo menos alcançasse, o ponto de ignição.

Segundo os defensores da combustão humana espontânea, diversos fatores podem ser responsáveis pela sua ocorrência: o consumo exagerado de álcool (gases inflamáveis são produzidos no corpo após a morte), certos tipos de alimento (que produzem uma reação em cadeia espontânea dentro do sistema digestivo), a eletricidade estática (que pode provocar incêndios), a energia nuclear (liberada dentro do corpo), o suicídio psíquico (seja lá o que for isso) e a ira de Deus. Essas teorias são meras especulações, já que nenhuma delas possui evidências científicas que as sustentem.

Os céticos afirmam que quase todos os casos de combustão humana espontânea possuem explicações simples e plausíveis, tais como a de que a vítima morreu de ataque cardíaco e caiu sobre uma fogueira ou um aparelho elétrico. Nós, seres humanos, estamos programados para acreditar no sobrenatural, e, por essa razão, as explicações naturais não instigam a nossa mente.

A QUADRATURA DO CÍRCULO

Resolvê-la, de fato, é impossível

Desenhar um quadrado com área igual à de um determinado círculo parece simples, mas vem se tornando sinônimo de impossibilidade.

Encontrar a quadratura de um círculo é fazer algo que é considerado impossível.

Ao longo das épocas, o problema se constituiu em um assunto de extremo interesse para as pessoas, não só para matemáticos como também para o público em geral. Quase todos os grandes matemáticos gregos tentaram, em vão, solucioná-lo. A busca para encontrar uma solução continuou durante o século XVIII. A Academia de Ciências de Paris recebeu tantas demonstrações equivocadas que, em 1775, aprovou uma resolução segundo a qual não examinaria mais quaisquer demonstrações.

Em 1882, o problema foi enfim "solucionado" quando o matemático alemão Ferdinand von Lindemann provou, de forma inequívoca, que era impossível resolver a quadratura do círculo. Sua resposta se baseava na natureza peculiar do número pi. Todos os círculos são similares e a razão entre a circunferência e o diâmetro é sempre o mesmo número. Esse número é conhecido como pi, um dos mais importantes e ubíquos números da matemática.

Arquimedes é lembrado hoje principalmente pela história de que teria corrido nu pela rua gritando "Eureca! Eureca!". No entanto, esse grande cientista, matemático e gênio da mecânica da antiguidade foi também o primeiro a demonstrar que o problema da quadratura do círculo é equivalente a descobrir a área de um triângulo retângulo cujos lados são iguais, respectivamente, à circunferência e ao raio do círculo. A metade da proporção entre essas duas medidas é igual a pi.

Sabemos, hoje, que o pi é um número irracional. Para expressá-lo na forma de um número decimal são necessários infinitos dígitos. É impossível encontrar o valor exato de pi; contudo, o valor pode ser calculado com um altíssimo grau de precisão. Portanto, é impossível desenhar um quadrado cuja área é igual à de um determinado círculo usando somente régua e compasso.

A ESTRELA DE BELÉM

O mistério de uma estrela sobrenatural

"Tendo eles ouvido o rei, partiram; e eis que a estrela que tinham visto no Oriente ia adiante deles até que chegou e se deteve sobre o lugar onde estava o menino. Ao verem a estrela, eles se regozijaram com extrema alegria."
(Mateus 2,9–10)

A cena da estrela de Belém guiando os reis magos ao local do nascimento de Jesus é um símbolo tradicional do Natal. Por dois milênios, astrônomos, teólogos, crentes e céticos têm refletido sobre a história da estrela que teria, supostamente, anunciado o começo da Era Cristã. Será que houve mesmo uma estrela – uma luz sagrada que guiou três sábios do Oriente até a manjedoura em Belém? Ou será que foi um mito usado por crentes fanáticos como prova para confirmar uma antiga profecia? Afinal, nenhum grande rei ou conquistador da história antiga nasceu sem que algum espetáculo celestial tenha, supostamente, anunciado o evento. Afirma-se que, quando nasceram, Alexandre e César foram recepcionados por estrelas.

Santo Agostinho e outros teólogos cristãos antigos aceitaram a estrela como um dos milagres de Deus. "Quando Copérnico, Kepler e Galileu deram início ao surgimento da ciência empírica, tornou-se costume, entre os estudiosos cristãos, a busca de explicações naturais para eventos que a *Bíblia* claramente descreve como sobrenaturais", afirma Martin Gardner, famoso autor de diversos livros e adversário ferrenho da pseudociência.

Em uma das primeiras e mais óbvias tentativas de identificar a estrela de Belém, sugeriu-se que os reis magos haviam visto o brilhante planeta Vênus, tão frequentemente um esplêndido ponto de luz no céu matinal ou noturno. Entretanto, trata-se de um evento um tanto comum para ter sido considerado, pelos reis magos, como um sinal profético.

Kepler foi o primeiro a associar a estrela a um evento e a uma data específicos. Em dezembro de 1603, Kepler ficou intrigado com a conjunção planetária entre Júpiter e Saturno. Com sua paciência e precisão características, começou a calcular as posições planetárias à época do nascimento de Jesus. Seus cálculos demonstraram que, no ano 7 a.C., haviam ocorrido três conjunções planetárias entre Júpiter e Saturno: em 27 de maio, 5 de outubro e 1 de dezembro. Os críticos dessa teoria dizem que ela apresenta um grave problema: a *Bíblia* se refere, especificamente, a uma "estrela", não a um planeta ou um par de planetas. Além disso, essas conjunções duraram apenas alguns dias, enquanto a jornada dos reis magos deve ter durado algumas semanas.

Atualmente, outras teorias competem com a de Kepler (alguns dizem que o grande Kepler estava apenas trazendo à luz uma teoria que vinha circulando desde o século XIII). Uma teoria recente sugere que os reis magos teriam sido atraídos a Belém por um eclipse duplo de Júpiter, e não por uma estrela. O planeta desapareceu atrás da Lua em 20 de março do ano 6 a.C. e, novamente, um mês depois, em 17 de abril. Os cálculos mostram que o eclipse do dia 17 de abril ocorreu à luz do dia e que, por não ter sido visível, não poderia ter servido como a estrela guia dos reis magos.

Ou teriam eles sido atraídos por uma nova ou por uma supernova? Uma nova ou uma supernova é o produto da explosão – mais ou menos brilhante, conforme o caso – de uma estrela que chega ao fim de sua vida. O brilho de ambas atinge um ponto máximo muito depressa, muitas vezes em questão de poucos dias, e então, vagarosamente, começa a diminuir. As novas, em geral, não são mais brilhantes do que as estrelas comuns, mas as supernovas às vezes se tornam tão brilhantes que podem ser vistas durante o dia. A maioria dos astrônomos concorda que a estrela de Belém não era uma supernova. Tais catástrofes estelares são muito espetaculares para serem ignoradas e, com exceção de Mateus, nenhum dos historiadores da época menciona o aparecimento, no período próximo ao nascimento de Jesus, de uma estrela tão brilhante assim. Contudo, segundo documentos astronômicos chineses e coreanos, há registro da observação de uma nova brilhante no Extremo Oriente.

Muitas outras hipóteses, bem menos aceitáveis, têm sido

oferecidas para explicar a estrela: um meteoro espetacular – uma bola de fogo ou uma chuva meteórica – poderia, possivelmente, corresponder ao comportamento da estrela. Eclipses solares também vêm sendo sugeridos como possíveis explicações. Houve um eclipse total do Sol em 20 de janeiro do ano 2 a.C. e outro em 1º de janeiro do ano 1 a.C. Entretanto, esses eventos, embora notáveis, não seriam considerados "uma estrela". Em antigos documentos astronômicos chineses, há registro de um cometa que teria aparecido no ano 5 a.C., mas que não poderia ser a estrela de Belém; na tradição ocidental, os cometas sempre foram considerados como mensageiros da destruição.

Algumas pessoas sugerem, inclusive, que a estrela não pode ser explicada como um evento astronômico, mas como um fenômeno luminoso na atmosfera baixa, tal como a *Aurora boreal* (um lindo espetáculo de luzes coloridas nos céus do extremo hemisfério norte). Essa teoria sustenta que nenhum evento celeste poderia apontar para uma única casa, conforme indicado pelo *Evangelho de Mateus*. Embora um fenômeno tal como a aurora boreal pudesse, talvez, satisfazer essa exigência, dificilmente seria considerada uma estrela. Por outro lado, em tempos antigos, quase tudo no céu era considerado uma espécie de "estrela": havia "estrelas fixas" e "estrelas errantes" – os planetas; "estrelas felpudas" ou "estrelas-vassoura" – os cometas; "estrelas cadentes" – os meteoros e, finalmente, as novas, que eram chamadas de "estrelas novas".

Talvez jamais saibamos qual a verdadeira identidade da estrela de Belém. De certo modo, pouco importa, pois o mais significativo sobre a estrela de Belém não é saber se ela existiu ou onde se encontrava, mas o que ela simboliza.

"Não leve a Bíblia ao pé da letra!", aconselha Gardner. "Ela não é um tratado científico; tampouco um relato histórico exato."

A SINCRONICIDADE

Coincidências: extraordinárias ou aleatórias?

O nome de uma amiga que não vemos há anos nos vem, de repente, à cabeça; em seguida, ligamos o computador e nos deparamos com um e-mail dela.

Em um sonho, vemos um bilhete de loteria e, no dia seguinte, somos sorteados. Todos nós já tivemos uma premonição ou um sonho que, mais tarde, se tornou realidade.

O psicólogo suíço Carl Jung cunhou o termo "sincronicidade" para descrever a ocorrência simultânea de eventos que estão ligados, mas que não podem ser explicados pela lei de causa e efeito. Segundo ele, tais coincidências estão significativamente relacionadas; não se trata de simples eventos aleatórios regidos pelas leis da probabilidade.

Jung foi colega de Sigmund Freud, mas rompeu com ele para trabalhar na sua própria teoria psicológica. De acordo com sua teoria, a psique (a mente humana e seus mais profundos sentimentos e atitudes) é formada por três níveis: o ego (que ele identificou com a mente consciente), o inconsciente pessoal (um reservatório pessoal de experiências únicas para cada indivíduo), e o inconsciente coletivo (um reservatório das nossas experiências coletivas como seres humanos). A ideia de um inconsciente coletivo faz com que a teoria de Jung seja singular. Nunca conseguimos, como espécie, tomar consciência, diz a teoria, desse intemporal e ilimitado domínio de nossas experiências, mas, sob certos estados alterados de consciência, podemos ter acesso a informações que nos permitem vislumbrar um evento futuro.

A fim de encontrar evidências para a sua hipótese da sincronicidade, Jung analisou os horóscopos de 400 casais. Ele não conseguiu achar qualquer dado estatístico significativo que sustentasse a existência de uma ligação entre os horóscopos e os casamentos de fato, mas, ainda assim, não desistiu da ideia. Jung se interessou, durante toda a sua vida, pelo paranormal, e sua hipótese sobre coincidências significativas fazia certo sentido no mundo do século XIX – um mundo saturado pelo espiritualismo e pelo ocultismo – no qual vivia.

Jamais foi encontrada qualquer evidência científica para a sincronicidade. "Coincidências significativas" não são extraordinárias, mas aleatórias. Apesar disso, a espiritualidade da "Nova Era" parece estar em sincronia com a sincronicidade, pois alude a uma vaga conexão espiritual entre mente e matéria.

Os TÁQUIONS

Mais velozes que os fatos

Táquions são partículas hipotéticas que viajam mais rápido que a luz.

Se Einstein tivesse lido o seguinte poemeto relativista, teria dito que Clara não tinha "possibilidade alguma de existir", frase que ele utilizou, no seu famoso artigo de 1905 sobre a relatividade especial, para se referir a velocidades maiores que a da luz.

> Era uma vez uma senhorita
> de nome Clara.
> Mais veloz que a luz,
> saía hoje de viagem
> e feito Einstein
> voltava ontem.

Em 1962, um grupo de físicos, opondo-se à lei da velocidade de Einstein, propôs a existência de partículas que podiam viajar mais rápido que a luz. Segundo eles, a lei de Einstein não se aplicava a essas partículas. Em 1967, o físico americano Gerard Feinberg batizou-as de táquions (do grego *tachus*, "veloz").

Essas estranhas partículas, hipoteticamente falando, estão sempre viajando mais rápido que a luz – elas "nascem" com velocidades maiores que a da luz. Quando perdem energia, elas ganham velocidade. Em contrapartida, quando ganham energia, perdem velocidade. Para reduzir um táquion à velocidade da luz, é necessária uma quantidade infinita de energia.

A maioria dos físicos já perdeu as esperanças de que os táquions possam, de fato, existir. Ainda assim, continuam sendo citados em muitas teorias físicas novas. Por enquanto, a lei da velocidade de Einstein continua sendo sagrada, enquanto os táquions, por sua vez, continuam não existindo. Contudo, isso não os impediu de entrar no universo da "Nova Era". Tenha cuidado com entusiastas da "Nova Era" que pretendem ter dominado o poder dos táquions.

Veja também VIAGEM NO TEMPO, p. 205.

O TELETRANSPORTE

Teletransporte-me, Scotty!

Muitos de nós fomos introduzidos à ideia do teletransporte pela famosa série de televisão *Star Trek* (*Jornada nas estrelas*), no final dos anos 1960.

Assistíamos maravilhados enquanto o Capitão Kirk, da fictícia *Enterprise*, se desmaterializava em um lugar e, instantaneamente, reaparecia em outro planeta. Quando queria ser teletransportado de volta para a espaçonave, o Capitão Kirk ordenava ao seu engenheiro chefe Montgomery Scott: "Teletransporte-me, Scotty!".

O termo "teletransporte", no entanto, teve origem com Charles Fort, um escritor americano do século XIX que era obcecado por fenômenos curiosos que a ciência não conseguia explicar. Ele acreditava que objetos podiam ser transportados, de forma instantânea, da Terra, a qual acreditava ser quase estacionária, para outros corpos celestes por meio do teletransporte. A expressão "forteano", hoje, quer dizer "relacionado a fenômenos paranormais".

De acordo com as leis da ciência, para teletransportar um objeto, precisamos saber a localização exata de cada um dos seus átomos. Essa ideia contraria o princípio da incerteza, que diz não ser possível conhecermos, de forma simultânea, a localização precisa e a velocidade de um elétron. Portanto, segundo a física clássica, o teletransporte de grandes objetos ou seres humanos é impossível. Contudo, a mecânica quântica tem regras diferentes, as quais se aplicam somente a processos que ocorrem no nível dos átomos individuais.

Uma das propriedades estranhas da mecânica quântica é o emaranhamento quântico. Todas as partículas elementares, tais como elétrons e fótons, vibram. Considere o caso envolvendo dois elétrons: colocados juntos, eles vibram em uníssono. Coloque-os separados, até mesmo a galáxias de distância um do outro, e, se você vibrar um deles, o outro conhecerá, imediatamente, a natureza das vibrações do seu parceiro e dançará no mesmo ritmo. De alguma forma, a informação está sendo transferida de um elétron para o outro. Einstein chamava esse fenômeno de "fantasmagórica ação a distância", pois a transferência de informação só poderia ser explicada supondo que a informação estava viajando mais rápido que a luz.

Será que o emaranhamento quântico poderia ser usado para transferir informação a uma velocidade maior que a da luz? As leis da mecânica quântica dizem que não, mas ele poderia ser usado para transferir informação de uma partícula para outra a uma velocidade menor do que a da luz. No caso de um teletransporte quântico, somente o estado quântico é teletransportado, não as partículas propriamente ditas. Ou seja, não se trata, literalmente, do transporte de uma partícula – um elétron, por exemplo –, de um lugar A para outro lugar B. Todavia, os estados quânticos dos elétrons em A e B são os mesmos. Não se trata, exatamente, "de um fax quântico"; no caso de um fax, a diferença entra o original e a cópia é visível. No caso do teletransporte quântico, por outro lado, não há diferença entre a cópia e o original.

Em 1999, uma equipe internacional de físicos demonstrou que o teletransporte quântico é, em termos práticos, realmente possível, mas só se o original for destruído. A equipe obteve sucesso teletransportando fótons, as partículas da luz. A ideia de teletransportar uma molécula, entretanto, continua sendo apenas uma fantasia, mas os cientistas não excluem que, em um futuro distante, isso possa ser feito.

A aplicação mais importante do teletransporte quântico se dá no campo da computação quântica. A computação normal se baseia na noção de *bits*. Um *bit* comum pode armazenar apenas um número (0 ou 1) por vez. No estado quântico, uma partícula pode ocupar dois estados ao mesmo tempo; portanto, um *bit* quântico, ou *qubit*, é capaz de armazenar dois números ao mesmo tempo. Logo, cada *qubit* dobra a capacidade de armazenamento de um computador. Um dia, o teletransporte quântico e a computação quântica farão com que a transferência de informação se dê de forma incrivelmente rápida. Teletransporte o meu arquivo, Scotty!

Einstein adorava "dar um giro" de bicicleta, mas era contrário à ideia do giro dos elétrons, que causava o emaranhamento quântico, que ele chamava de "fantasmagórica ação a distância" (Foto: cortesia dos Arquivos do Instituto de Tecnologia da Califórnia).

O MITO DOS 10% DO CÉREBRO

Os recursos não utilizados do cérebro

Será que utilizamos, de fato, apenas 10% do nosso cérebro?

O cérebro humano adulto possui uma rede formada por cerca de cem bilhões de neurônios, que controlam os movimentos do corpo, a percepção, a emoção e o pensamento. O neurônio, ou célula nervosa, a unidade básica de funcionamento do cérebro, transmite informações para outras células nervosas, musculares ou glandulares. Em qualquer dado momento, nem todos os neurônios estão ativos, mas nenhum neurocientista chegou à constatação de que 90% dos neurônios do nosso cérebro, que pesa 1,4 quilogramas, estão sempre de férias.

Nos últimos anos, os neurocientistas vêm examinando o cérebro utilizando-se de tecnologias como a eletroencefalografia, a magnetoencefalografia, a tomografia axial computadorizada (CAT, em inglês), a tomografia por emissão de pósitrons (PET, em inglês) e a ressonância magnética e, por meio dessas, têm conseguido atribuir diversas funções psicológicas a partes específicas do cérebro. Segundo seus exames, não há qualquer parte do cérebro que se encontre em um estado vegetativo. Ainda assim, o mito do uso de apenas 10% do cérebro recusa-se a morrer.

Para o nosso corpo, o cérebro é um órgão caro de ser mantido; ele utiliza uma quantidade enorme de recursos, como o oxigênio, por exemplo. A evolução (ou, se preferir, o *design* inteligente) não teria permitido que um órgão que desperdiçasse tanto sobrevivesse.

Há uma piada segundo a qual as pessoas que nos dizem que usamos apenas 10% do nosso cérebro usam apenas 10% de seu cérebro. De onde será que vem esse mito? Ninguém sabe ao certo. O mito é conhecido há, mais ou menos, um século. Para os defensores do desenvolvimento pessoal, ele tem sido uma benção. Caso não existisse antes, provavelmente teriam de inventá-lo; existe toda uma indústria que é sustentada por esse mito.

Para ser justo, o mito traz uma vantagem animadora. "O mito dos 10%, não se pode negar, motiva diversas pessoas a se empenhar no desenvolvimento da sua criatividade e da sua produtividade – o que está longe de ser algo ruim", observa Barry L. Beyerstein, um psicólogo americano. "O conforto, o encorajamento e a esperança que o mito gera ajuda a explicar a sua longevidade."

Os raios da morte de Tesla

Poderosos o bastante para destruir 10 mil aeronaves

O cientista croata-americano Nikola Tesla foi um gênio tão à frente do seu tempo que os seus contemporâneos eram incapazes de entender suas invenções revolucionárias.

Um inventor de genialidade impressionante, ele inventou e desenvolveu o sistema de corrente alternada, motores de indução, dínamos, transformadores, condensadores, turbinas sem lâminas, contagiros mecânicos, velocímetros de automóveis, lâmpadas de descarga por gás que antecederam as lâmpadas fluorescentes, a transmissão de rádio e centenas de outras coisas (o número de patentes em seu nome ultrapassa 700). No entanto, essas "invenções práticas" limitaram-se ao breve período entre 1886 e 1903.

Tesla foi, durante os últimos anos da sua vida, um dos personagens favoritos dos repórteres de jornal, que se deleitavam relatando suas incríveis invenções. No aniversário de 78 anos, Tesla contou a um repórter do *New York Times* que havia inventado um raio da morte poderoso o bastante para aniquilar, de forma instantânea, um exército de 10 mil aeronaves e um milhão de soldados. No dia seguinte, 11 de julho de 1934, o jornal publicou uma notícia que estampava uma manchete bem ao estilo da época:

TESLA, AOS 78 ANOS, REVELA NOVO "FEIXE DA MORTE"

A invenção é poderosa o bastante para destruir 10 mil aeronaves a cerca de 400 quilômetros de distância, garante.

ARMA APENAS PARA FINS DEFENSIVOS

O cientista, em entrevista, fala sobre o aparelho que, segundo ele, matará sem deixar rastros.

A notícia se referia a Tesla como "o pai dos métodos modernos de geração e distribuição de energia elétrica", e continha uma citação sua na qual teria dito que essa sua mais nova invenção tornaria a guerra impossível: "Ela será invisível e não deixará rastros além de evidências de destruição. Esse feixe da morte envolveria cada país como uma Muralha da China invisível, porém um milhão de vezes mais impenetrável. Ela tornaria toda e qualquer nação impenetrável contra ataques aéreos ou invasões de grandes exércitos".

No aniversário de 84 anos, Tesla declarou que estava pronto para divulgar o segredo da sua "arma de teleforça" ao governo dos Estados Unidos, a qual seria capaz de derreter motores de aeronaves a uma distância de, mais ou menos, 400 quilômetros, de forma que uma muralha invisível de defesa seria construída ao redor do país. Segundo ele, essa "arma de teleforça" se baseava em um princípio totalmente novo da física sobre o qual "ninguém jamais havia sonhado", e funcionaria por meio de um feixe cujo diâmetro era um centésimo de milionésimo de um centímetro quadrado. A voltagem necessária para produzir esse feixe seria de, aproximadamente, 50 milhões de volts, e essa voltagem altíssima lançaria, em sua missão de destruição defensiva, partículas elétricas microscópicas de matéria, acrescentou.

É provável que Tesla tenha concebido a ideia do seu raio da morte em Wardenclyffe, Long Island, Nova York, onde, em 1902, construiu uma torre de 57 metros de altura e laboratórios para fazer experimentos com ondas de rádio e transmissão de energia elétrica sem fio. O túnel de aço da torre descia 36 metros abaixo do solo, e era coberto por uma cúpula metálica que pesava 55 toneladas e tinha 20 metros de diâmetro. Essa instalação experimental contava com o apoio financeiro do famoso investidor J. Pierpont Morgan. Entretanto, Morgan abandonou o empreendimento antes mesmo de a construção ser terminada. A torre foi abandonada em 1911 e demolida em 1917.

A famosa história de que, certa noite em 1908, Tesla teria testado seu raio da morte seria mais ou menos assim: Nesse ano, o explorador do Ártico Robert Peary estava fazendo a segunda tentativa de alcançar o Polo Norte, e Tesla lhe pediu que ficasse atento a atividades que fugissem à normalidade. Na noite de 30 de junho, acompanhado por seu sócio George Scherff, no alto da torre de Wardenclyffe, Tesla apontou seu raio da morte na direção do Ártico, em um ponto a oeste da expedição de Peary. Mais tarde, Tesla vasculhou os jornais e enviou telegramas a Peary para confirmar os efeitos do seu raio da morte, mas não ouviu nada sobre alguma atividade incomum ocorrida no Ártico. Quando Tesla ouviu falar na explosão de Tunguska (p. 209), ficou aliviado ao saber que ninguém havia morrido, e, decidindo que era muito arriscado mantê-la, desmontou sua máquina do raio da morte.

Em uma carta ao *New York Times*, em 21 de abril de 1907, Tesla escreveu: "Quando falei sobre guerras futuras, quis dizer que seriam travadas pela aplicação direta de ondas elétricas, sem a utilização de máquinas aéreas ou outros equipamentos de destruição... Isso não é um sonho. Seria possível construir, hoje mesmo, usinas de energia sem fio que poderiam tornar qualquer região do globo inabitável sem, contudo, submeter os habitantes de outros lugares a um risco grave ou a qualquer tipo de inconveniência".

Embora acreditasse que era "perfeitamente viável transmitir energia elétrica sem fios e produzir efeitos destrutivos a distância", não há evidências de que Tesla tenha utilizado a torre de Wardenclyffe para realizar experimentos com o raio da morte.

O raio da morte talvez tenha sido um sonho plausível, mas não era uma realidade. Tesla jamais teve oportunidade de testar seus planos. A história de Tunguska parece pouco provável por dois motivos. Tesla não poderia ter ouvido falar sobre o evento de Tunguska antes de 1928, quando as notícias a seu respeito apareceram nos jornais americanos e, além disso, não há registro do pedido de Tesla nos relatos de Peary sobre a sua expedição. A história foi construída, simplesmente, ligando-se os pontos – Tunguska, Tesla, Peary – ao ano de 1908. Esses pontos, entretanto, não têm qualquer relação uns com os outros.

Veja também O RAIO DA MORTE DE ARQUIMEDES, p. 28.

A REVERSÃO DO TEMPO

Será que o tempo pode andar para trás?

Heráclito, um pensador grego brilhante e muitíssimo original que viveu no século V a.C., acreditava na mudança universal: a permanência é uma ilusão e tudo no mundo está em constante mudança.

Segundo Heráclito, "não podemos entrar no mesmo rio duas vezes, pois suas águas estão constantemente em movimento". A imagem do tempo como um rio é, provavelmente, a metáfora mais antiga do tempo, e o rio do tempo de Heráclito podia correr apenas em uma direção: o futuro. Tal como uma flecha, o tempo voa em apenas uma direção. Por quê?

Em primeiro lugar, o que é o tempo, em termos científicos? Para os físicos, o tempo é, simplesmente, o que é medido pelo relógio; por exemplo, a velocidade da luz (300 mil quilômetros por segundo), ou a frequência com que o nosso planeta gira (uma rotação por dia). Em termos matemáticos, o tempo é um espaço unidimensional. Ele pode ser tratado como outra dimensão do espaço; ele é diferente do espaço. "Especificamente falando, o tempo é a direção, dentro do espaço-tempo, na qual uma previsão segura é possível – a direção na qual podemos contar as histórias mais informativas", diz Craig Callender, professor de filosofia da Universidade da Califórnia. "A narrativa do universo não se desenrola no espaço; se desenrola no tempo."

Por que será que a narrativa se desenrola apenas em uma direção? A resposta se encontra na entropia, a medida da desordem de um sistema.

Rudolf Clausius, físico teórico alemão do século XIX, foi um dos fundadores da termodinâmica, o estudo do trabalho, do calor e de outras formas de energia. Ele desenvolveu a termodinâmica a partir de duas leis: a primeira lei da termodinâmica é a lei da conservação de energia, segundo a qual a energia não é criada nem destruída. A segunda lei, que ele mesmo formulou, é a lei da dissipação da energia, segundo a qual o calor não flui, espontaneamente, de um corpo mais frio para um mais quente.

Tal como as leis de Newton, a segunda lei é uma tentativa científica de explicar o universo. A lei determina uma direção para o tempo – o que ela diz, basicamente, é que muitos processos naturais são irreversíveis. Uma consequência dessa irreversibilidade é a "flecha do tempo". Agora você sabe por que ovos mexidos não podem voltar a ser ovos inteiros.

Em 1865, Clausius introduziu o termo "entropia", definindo-o como uma medida da desordem ou da aleatoriedade de um sistema. Quanto mais aleatório ou desordenado o sistema, maior a entropia. Em um sistema fechado, a entropia jamais diminui e deve, em algum momento, alcançar um ponto máximo. A entropia, no universo, está constantemente aumentando. No entanto, por se tratar de um sistema fechado, se toda a energia do universo for convertida em calor, não haverá energia disponível para trabalho. Isso significaria "a morte térmica do universo".

Partindo dessa ideia da "morte térmica do universo", podemos concluir que o universo não poderá se utilizar, por toda a eternidade, dessa reserva finita de energia. Ou então, que o universo não permanecerá aqui para sempre. O universo – isto é, o espaço e o tempo – teve início com o Big Bang há cerca de 13,7 bilhões de anos. A compreensão que os cientistas têm do tempo atinge seu limite com o momento do Big Bang. Ninguém sabe o que aconteceu antes desse momento.

De qualquer maneira, o tempo anda para a frente. Essa ideia também explica por que lembramos o passado, mas não o futuro. Por causa da baixa entropia, o passado *era* ordenado. De forma similar, por causa da alta entropia o futuro *seria* desordenado. Uma memória confiável exige ordem, não desordem ou flutuações aleatórias que não estariam, em nenhuma hipótese, relacionadas ao passado.

Veja também VIAGEM NO TEMPO, p. 205.

VIAGEM NO TEMPO

Viajando para trás e para a frente no tempo

Viajar pelas três dimensões do espaço é fácil; podemos viajar para trás, para a frente e para os lados.

Quando se trata de viajar na quarta dimensão, no entanto, ficamos presos; podemos nos mover apenas para a frente. Por quê? Einstein tem a resposta.

A teoria da relatividade geral reuniu o espaço e o tempo em um único sistema de quatro dimensões, chamado espaço-tempo. É fácil compreender a ideia de espaço-tempo se o imaginarmos como uma folha de borracha. Não havendo qualquer objeto sobre ela, sua superfície permanecerá plana, mas, se um objeto for colocado sobre ela, sua superfície será deformada. Da mesma maneira, dizemos que a gravidade deforma o espaço-tempo.

Em sua teoria da relatividade especial, Einstein disse que o tempo não é uma quantidade absoluta. Nossas medidas de tempo são afetadas pelo nosso movimento. O ritmo em que os relógios andam depende do seu movimento relativo. Uma pessoa que se afastasse, correndo, de um relógio de parede teria a impressão de que ele anda mais devagar do que o relógio que carrega no pulso. A teoria diz, ainda, que a massa de um objeto em movimento aumenta à medida que sua velocidade aumenta. À velocidade da luz, que é de, aproximadamente, 300 mil quilômetros por segundo, a massa torna-se infinita; portanto, nada pode se mover mais rápido do que a luz.

Teoricamente, uma espaçonave viajando a uma velocidade próxima à da luz levaria nove anos, pelo calendário da Terra, para fazer uma viagem de ida e volta a Centauri, a estrela mais próxima da Terra, com exceção do Sol; porém, devido a mudanças de tempo relativistas, ao voltar à Terra, a equipe descobriria que muitas décadas se passaram. Em contrapartida, a equipe não observaria quaisquer alterações na espaçonave.

Do ponto de vista da equipe, a espaçonave é estacionária, a Terra se move quase à velocidade da luz e o tempo na Terra passa mais devagar.

A relatividade do tempo apresenta um paradoxo interessante: se uma irmã gêmea partisse em uma viagem espacial de alta velocidade, ela retornaria mais jovem do que sua irmã que permaneceu em casa. Isso desafia o senso comum, mas, conforme Einstein observou certa vez, foi o senso comum que, no passado, se opôs à ideia de que a Terra é redonda (veja O SENSO COMUM E A CIÊNCIA, p. 52).

Enquanto a teoria de Einstein reinar absoluta, a viagem no tempo para o passado ou para o futuro permanecerá no campo da ficção científica. "Se viajar no tempo é possível, então onde será que estão os visitantes do futuro?", se pergunta o célebre físico Stephen Hawking, famoso pelo seu livro *A Brief History of Time* [*Uma breve história do tempo*, Rocco, 1988]. Provavelmente, suas espaçonaves ficaram presas em BURACOS DE MINHOCA (p. 217), a "ficção científica" dos físicos teóricos que adoram imaginar cenários do tipo "e se?" para tentar compreender a natureza do universo.

Veja também OS TÁQUIONS (p. 194); A REVERSÃO DO TEMPO, (p. 203).

A TREPANAÇÃO

Tão útil quanto um buraco na cabeça

O ex-Beatle Paul McCartney, em uma entrevista para a revista *Musician* (outubro de 1986), se lembrou de que, certa vez, John Lennon lhe perguntou: "Você gostaria de fazer uma trepanação?".

McCartney perguntou: "Bom, do que se trata?". Lennon respondeu: "Você deixa que façam um buraco no seu crânio e isso alivia a pressão."
A história não é surpreendente, uma vez que, nos psicodélicos anos 1960, milhões de jovens estavam tendo contato com experiências alteradoras de consciência.

A ideia de perfurar, deliberadamente, um orifício no crânio mais ou menos do tamanho de um relógio masculino para expandir a consciência parece bárbara, mas os arqueólogos dizem que a trepanação (do grego *trupanon*, "perfurar") é a prática cirúrgica mais antiga de todas. Um crânio trepanado encontrado na França teve sua idade estimada em cerca de 7 mil anos. No século V a.C., o médico grego Hipócrates, considerado o pai da medicina ocidental, escreveu instruções detalhadas sobre como realizar a trepanação a fim de aliviar a pressão – causada por doença ou trauma – no cérebro. Em algumas culturas, a prática era realizada para libertar espíritos malignos.

Essa mistura de magia e medicina sempre fascinou as pessoas e a prática continua viva até hoje. Amanda Fielding, uma pintora britânica, atraiu a atenção do mundo e da mídia quando, em 1970, então com 27 anos, filmou a si própria realizando a autotrepanação. O vídeo a mostra postada em frente a um espelho vestindo um hábito branco. Ela apanha uma broca elétrica de dentista e começa a perfurar a parte frontal da sua cabeça raspada. Fielding (chamada agora de Lady Neidpath, ela coordena a Fundação Beckley, que realiza pesquisas sobre a consciência e seus estados alterados) diz que ter um buraco na sua cabeça permite que mais sangue chegue ao seu cérebro, o que aumenta o metabolismo cerebral e expande sua consciência.

"Um buraco na cabeça" não é um terceiro olho que leva à percepção total. É uma farsa. A trepanação é uma operação perigosa – ela pode provocar coágulos sanguíneos, danos cerebrais e infecções que podem levar à meningite ou à morte – e nenhum cirurgião de respeito jamais sonharia em realizá-la. Não há quaisquer benefícios psicológicos associados a esse antigo e grosseiro procedimento.

A EXPLOSÃO DE TUNGUSKA

O enigma de uma bola de fogo

Hora: perto das 7h14min da manhã do dia 30 de junho de 1908. No Planalto Central Siberiano, próxima ao rio Tunguska, uma região selvagem, remota e desabitada formada por pântanos, brejos, pinheiros e florestas de cedro.

Ninguém à vista em um raio de vários quilômetros. O silêncio sinistro é interrompido pelo arrastar dos cascos das renas pastando sob o sol da manhã.

De repente, uma coluna de fogo incrivelmente brilhante, da altura de um grande prédio comercial, cruza o céu azul e aberto A ofuscante bola de fogo se move, no intervalo de alguns segundos, do sul-sudeste para o norte-noroeste, deixando para trás um denso rastro de luz de centenas de quilômetros de extensão. Ela desce devagar durante alguns minutos e, em seguida, explode acima do solo. A explosão dura apenas alguns segundos, mas é tão poderosa que só pode ser comparada a uma bomba atômica – mil bombas atômicas de Hiroshima. Uma nuvem escura do formato de um cogumelo quase alcança o espaço.

A explosão devasta uma área de floresta remota de Tunguska maior do que a Grande Londres, arrancando folhas e galhos de árvores ancestrais, deixando-as expostas como postes telegráficos e espalhando-as como se fossem palitos de fósforos. Uma chuva negra de escombros e poeira cai logo em seguida.

O Expresso Transiberiano, a centenas de quilômetros dali, chacoalha violentamente sobre seus trilhos recém-construídos. Tremores são registrados na distante São Petersburgo. Ao longo de vários dias após a explosão, céus noturnos de um brilho incomum são observados em muitas partes da Europa.

Em 1908, a Rússia era um país marcado por agitações políticas e perturbações sociais. Além disso, o impacto ocorreu na região mais remota e selvagem da Rússia e nenhum esforço foi feito para enviar uma expedição científica àquela área.

O primeiro cientista a visitar Tunguska foi Leonid Kulik, um especialista em meteoritos. Quando chegou ao local, em 1927, ele se deparou com um planalto oval de 70 quilômetros de extensão no qual a floresta havia sido derrubada e todas as árvores, que haviam tido seus galhos arrancados e sido espalhadas como se fossem palitos de fósforo, apontavam na direção contrária à explosão. Kulik acreditava que a devastação havia sido causada por um meteorito. Ele visitou o local do impacto em mais três oportunidades, mas não conseguiu encontrar cratera alguma.

Se não havia sido um meteorito gigante, então o que será que causara a grande explosão siberiana? A controvérsia sobre a bola de fogo de Tunguska continua até hoje, e não faltam tentativas de explicar essa explosão cataclísmica.

Um computador usado para simular a explosão de Tunguska atribui a responsabilidade a um asteroide rochoso que explodiu a cerca de 8 quilômetros acima do solo, a mesma altura na qual se acredita que o objeto de Tunguska teria explodido. E o que dizer sobre os escombros resultantes da explosão do asteroide? A explosão foi tão forte que reduziu os pedaços do asteroide a vapor. Nesse caso, apenas lascas microscópicas de pedra teriam caído nos pântanos. Somente 19 anos após a explosão é que o local foi, de fato, vasculhado e, a essa altura, essas lascas já teriam desaparecido na chuva, como o sal na água.

A cabeça de um cometa que explodiu no ar antes de atingir a Terra poderia ter causado a explosão de Tunguska. A cabeça de um cometa é como uma "bola de neve suja" feita de gelo e poeira e, por essa razão, ao explodir, ela produziria uma bola de fogo e uma onda de choque, mas não uma cratera. Os críticos da teoria do cometa duvidam que um corpo celeste grande o bastante para causar a explosão de Tunguska pudesse ter passado despercebido pelos astrônomos.

A teoria do asteroide e a do cometa parecem ser as mais promissoras, mas, para muitos, um asteroide ou um cometa não resolve o enigma da explosão de Tunguska, o maior impacto da história documentada.

Outra teoria interessante é a de que a explosão teria sido causada por um miniburaco negro que entrou na Terra, passou diretamente por ela em um intervalo de cerca de

15 minutos e saiu pelo Atlântico Norte. Embora a existência de imensos buracos negros tenha sido comprovada, miniburacos negros continuam sendo obra da imaginação dos cientistas.

Uma teoria estranha é a de que a explosão teria sido causada por um "visitante cósmico" – uma espaçonave extraterrestre, de forma cilíndrica e movida a combustível nuclear. Por causa de um problema, a espaçonave se chocou com a Terra e, em uma fração de segundo, a nave e seus ocupantes foram vaporizados em um flash ofuscante de luz. Os ETs tinham vindo para coletar água do lago Baikal, que é a maior fonte de água doce de superfície do mundo. Ao que parece, os ETs eram de um planeta árido e estavam com muita, muita sede.

Os fãs de óvnis preferem acreditar na teoria de que um disco voador defeituoso precisou fazer uma aterrissagem forçada e que sua tripulação – formada por gentis extraterrestres – escolheu, deliberadamente, fazê-lo na pouco povoada Sibéria para salvar vidas humanas. Alguns dão outra versão: a bola de fogo teria resultado da explosão do motor de uma espaçonave. Esta havia partido 2 mil anos antes e estava voltando para casa, mas errou a pista de aterrissagem.

E, como não poderia faltar, há também uma teoria da conspiração: um dos primeiros experimentos de física nuclear teria fugido ao controle e causado a explosão. Segundo se diz, o experimento sobre os "raios da morte" era conduzido por Nicola Tesla, o enigmático cientista americano que criou e desenvolveu o sistema de corrente alternada e muitas outras invenções (p. 200).

ÓVNIS

Será que existem? Faça a prova da "hipótese do Papai Noel"

O termo "óvni" (objeto voador não identificado) foi sugerido em meados dos anos 1950 pela força aérea dos Estados Unidos.

O termo "disco voador" não era considerado preciso, já que muitas supostas aparições tinham explicações bastante naturais, enquanto outras não.

Aparições de óvnis são tão raras que, para a maioria dos observadores, constituem experiências únicas. Nesse sentido, trata-se realmente de encontros com óvnis, mas não de encontros com extraterrestres. O termo "óvni" remete, simplesmente, a um objeto "não identificado"; ele não sugere que o objeto seja "extraterrestre".

A maioria dos fãs de óvnis acredita que seres extraterrestres inteligentes estão visitando a Terra. Além disso, acreditam que os governos estão encobrindo esse fato porque sabem que ele provocaria pânico; os governos têm medo de admitir algo que está fora do seu controle.

Grande parte desses fãs de óvnis alega, ainda, já ter visto um óvni.

O que será que realmente viram? Aviões, jatos, helicópteros, balões ou um estranho bando de pássaros; padrões estranhos de luz causados por fenômenos astronômicos ou meteorológicos; ilusões de ótica causadas por fumaça ou poeira? Delírios psicológicos e farsas deliberadas também são possíveis respostas à pergunta.

Muitas das pessoas que têm lembranças vívidas de encontros com óvnis não se convencem com essas explicações. Segundo os cientistas, algumas supostas aparições de óvnis podem ser explicadas como fenômenos físicos, elétricos e magnéticos na atmosfera. Esses fenômenos produzem regiões de plasma eletricamente carregado que, para observadores, se parecem com objetos brilhantes e velozes. Eles são causados, provavelmente, por um meteorito que entra na atmosfera e não se destrói por completo nem colide, mas forma um plasma flutuante. Às vezes, o campo entre certos objetos carregados e flutuantes forma uma área, em geral triangular, que não reflete a luz. Isso explica por que alguns óvnis são descritos como espaçonaves pretas, geralmente triangulares e que chegam a ter centenas de metros de comprimento. Esses fenômenos não podem ser detectados por radar.

A grande proximidade de campos de plasma carregado pode afetar, negativamente, um veículo ou uma pessoa. Do ponto de vista médico, provou-se que campos eletromagnéticos podem provocar reações nos lobos temporais do cérebro humano. Isso faz com que o observador mantenha (e depois descreva e armazene) uma descrição vívida, mas essencialmente incorreta, da experiência.

Carl Sagan, famoso pelo livro *Cosmos* (Gradva, 1980), e pela série de televisão homônima, dá uma explicação interessante: "Se uma entre cada milhão de civilizações tecnicamente avançadas da nossa galáxia lançasse, de forma aleatória, uma espaçonave interestelar a cada ano, nosso Sistema Solar seria, em média, visitado uma vez a cada cem mil anos".

Para explicar os óvnis, ele lança mão da sua autodenominada "hipótese do Papai Noel". A hipótese argumenta que, todos os anos, durante um período de mais ou menos oito horas, na noite de 24 para 25 de dezembro, um elfo visita cem milhões de lares nos Estados Unidos. Se considerarmos que esse elfo leva um segundo para visitar cada casa, isso significa que ele precisaria de três anos só para encher as meias de todas as casas. Mesmo com a ajuda de renas relativísticas, o tempo necessário para visitar cem milhões de casas é de três anos e não de oito horas. "Logo, podemos concluir que a hipótese é insustentável", afirma ele. "Podemos fazer uma análise parecida, porém mais precisa, em relação à hipótese extraterrestre que afirma que grande parte dos óvnis observados no planeta Terra seriam veículos espaciais vindos de outros planetas."

As histórias de óvnis começaram com o hoje famoso caso Roswell. Em 8 de julho de 1947, o jornal *Roswell Daily Record* noticiou um encontro cósmico ocorrido no Novo México. A história, intitulada "RAAF captura disco voador em fazenda da região de Roswell", foi baseada em um comunicado à imprensa emitido pelo *Roswell Army*

Air Field (RAAF) [Aeródromo Militar de Roswell]. Quando o criador de ovelhas Mac Brazel estava fazendo rondas em uma fazenda perto de Roswell, se deparou com alguns escombros que consistiam, principalmente, de tiras de borracha, varas de madeira, papel alumínio, plástico, fita adesiva com marcas que pareciam "hieróglifos" e um tipo de papel muito duro. Brazel ficou impressionado com a natureza incomum dos escombros. Após alguns dias, foi de carro até Roswell, onde relatou o incidente ao xerife, que, por sua vez, o relatou ao RAAF. O RAAF emitiu, imediatamente, um comunicado à imprensa afirmando que os escombros de um disco voador haviam sido recuperados. A notícia causou furor ao redor do mundo, mas não durou muito tempo. Dentro de algumas horas, o RAAF anunciou que os restos de um balão meteorológico tinham sido erroneamente identificados como escombros de um disco voador.

Outra história que não foi publicada no jornal, mas que algumas pessoas da cidade conheciam, partiu de testemunhas que haviam visto os escombros. Elas alegavam ter visto "corpos" de ETs nas proximidades que, segundo sua descrição, tinham pouco mais de um metro de altura e uma pele de coloração azulada, mas não tinham orelhas, cabelo, sobrancelhas ou cílios. O RAAF explicou que esses "ETs" eram bonecos atirados de balões de grande altitude para estudar as consequências do impacto. E isso decretou o fim da empolgação.

Ninguém jamais falou sobre esse episódio, pelo menos até a publicação, em 1980, de um livro chamado *The Roswell Incident* [*O caso Roswell – A nave perdida*, Mercuryo, 1991], que chegava à dramática conclusão de que o governo dos Estados Unidos havia encontrado e removido os restos mortais da tripulação do óvni – diversos e pequeninos corpos de ETs. Esse livro deu origem ao mito e à teoria de que o governo havia manobrado para encobrir o fato de que uma nave alienígena havia aterrissado em Roswell.

A verdade é bem menos interessante: o que aconteceu, de fato, foi que as pessoas que viram os bonecos os confundiram com alienígenas.

A VITAMINA C
Um alívio resfriado

Linus Pauling é a única pessoa a ter recebido dois prêmios Nobel não compartilhados – o prêmio Nobel de química, em 1954, e o prêmio Nobel da paz, em 1962.

Contudo, hoje ele é conhecido, em geral, por ter popularizado a controversa alegação de que altas doses de vitamina C são eficientes na prevenção do resfriado comum. Em 1970, Pauling, que tomava 12 mil miligramas de vitamina C diariamente, publicou o livro *Vitamin C and the Common Cold* [*A vitamina C e resfriados*, Mestre Jou, 1972], no qual encorajava as pessoas a tomarem mil miligramas da vitamina por dia (a dose diária recomendada é de apenas 60 miligramas; um copo grande de suco de laranja contém cerca de cem miligramas). Essa recomendação do livro, muitíssimo popular e influente, estava baseada em poucas evidências científicas.

O resfriado comum não é uma doença precisamente definida, porém a maioria de nós está familiarizada com os seus sintomas e acredita que a vitamina C é capaz de curá-lo.

Uma avaliação de uma série de tratamentos aplicados a pacientes com resfriado, feita em 2007 pela *Cochrane Reviews* (baseada nas melhores evidências disponíveis, é uma das publicações mais respeitadas e imparciais no campo da avaliação da pesquisa médica), mostrou que altas doses de vitamina C possuem pouco efeito preventivo e não são eficientes para lidar com os sintomas da doença.

A pesquisa de 2007 analisou 30 experimentos clínicos realizados ao redor do mundo ao longo de seis décadas e envolvendo mais de 11 mil pacientes que ingeriram, diariamente, 200 miligramas ou mais de vitamina C. Ela revelou que a probabilidade desses pacientes pegarem um resfriado era apenas 2% menor que a das outras pessoas, o que, em outras palavras, significaria dizer que uma pessoa comum, ingerindo vitamina C diariamente, passará, ao longo de um ano, 11 dias resfriada em vez de 12. "Não faz sentido algum tomar vitamina C 365 dias por ano para diminuir as chances de se pegar um resfriado", aconselhou a pesquisa. No entanto, suplementos de vitamina C podem diminuir, por curtos períodos de tempo, o risco de maratonistas, esquiadores e outras pessoas expostas ao frio extremo ou ao estresse pegarem um resfriado. Alguns especialistas médicos sugerem que, mesmo em situações extremas como essas, a vitamina C não oferece grande ajuda; é provável que ela beneficie apenas aqueles que, anteriormente, já careciam dela.

Os buracos de minhoca

Um túnel daqui à eternidade

Imagine uma abertura esférica em um parque, em Sydney, por exemplo, na qual poderíamos entrar e, caminhando alguns passos, sair no Central Park, em Nova York.

Se viajarmos pelo túnel por apenas algumas horas, poderemos ir parar, até mesmo, em outra parte do universo, a muitos anos-luz de distância. Mais estranhos do que a toca de coelho de *Alice no País das Maravilhas*, os buracos de minhoca, como são chamados os túneis no espaço-tempo, não são mais considerados uma proposição "não científica".

O astrofísico americano J. Richard Gott é um especialista em buracos negros, as regiões do espaço onde a gravidade é tão forte que nada, nem mesmo a luz, pode escapar. Embora pensar sobre os "buracos de minhoca", não tenha, segundo ele, qualquer valor prático, ajuda os cientistas a explorar as questões fundamentais da cosmologia: como foi que o universo teve início, como funciona e como pode ser que acabe.

A hipótese da existência de buracos de minhoca deriva, diretamente, da teoria geral da relatividade de Einstein, que diz que objetos extremamente densos distorcem o tecido do espaço e do tempo ao seu redor. Se a densidade de um objeto se aproxima do infinito, como é o caso de um buraco negro, essa distorção pode se tornar uma ruptura. Essa ruptura, ou buraco de minhoca, poderia funcionar como um túnel para outras partes do universo, tornando a viagem virtualmente instantânea possível.

As leis da física admitem a existência dos buracos de minhoca, mas isso não significa que um dia poderemos viajar através deles. Para construir um buraco de minhoca seria preciso uma forma incomum de energia, chamada de energia negativa. As leis da física, assim como no caso dos buracos de minhoca, admitem a existência da energia negativa, mas, ao mesmo tempo, limitam o seu comportamento.

A energia negativa existe, porém, apenas em quantidades minúsculas. Os cientistas estimam que, para criar um buraco de minhoca com diâmetro de um metro, seria preciso quantidades incríveis de energia negativa, que, por sua vez, somente um objeto de massa equivalente à de Júpiter poderia produzir. Esse objeto, para ser capaz de produzir energia negativa, teria de ser composto por matéria negativa. É possível que, no futuro, alguma civilização avançada detenha a tecnologia necessária para criar um buraco de minhoca, mas, até lá, se quisermos viajar para outras partes do universo ou outros UNIVERSOS PARALELOS (p. 151), teremos de tomar emprestada a *Tardis* (*Time and Relative Dimension in Space*) [Tempo e Dimensão Relativas no Espaço, tradução livre] e a máquina do tempo do Dr. Who (personagem do seriado britânico de TV).

Veja também VIAGEM NO TEMPO, p. 205.

O SINAL "UAU"

Uma chamada não atendida do ET?

Ela veio do espaço sideral e durou apenas 72 segundos.

Na impressão em papel feita pelo computador, ela apareceu apenas como 6EQUJ5 – um código que indicava se tratar de um sinal de rádio forte, intermitente e confinado a uma faixa limitada de frequência. Ele era tão incomum que levou um astrônomo empolgado a escrever "Uau" na margem do papel, um rótulo ao qual está inextricavelmente ligado.

Do que se tratava? De uma mensagem da inteligência extraterrestre? De uma irregularidade momentânea provocada por um evento cósmico, ou de uma interferência causada por uma transmissão terrestre? Décadas depois, ninguém sabe o que de fato produziu o sinal, e a discussão continua.

O radiotelescópio *The Big Ear* [O Grande Ouvido, tradução livre], localizado no Rádio Observatório da Universidade do estado de Ohio, vinha sendo utilizado na busca por inteligência extraterrestre desde 1973. Na noite de 15 de agosto de 1977, sua antena de 79 metros de diâmetro foi sintonizada em 1.420 megahertz – a frequência dos átomos de hidrogênio. O hidrogênio é o elemento mais comum do universo; muitas pessoas acreditam que essa seria a frequência escolhida pelos ETs para nos transmitir sua presença.

Para registrar os sinais, o radiotelescópio utilizava um computador. As impressões feitas pelo computador tinham de ser examinadas à mão por voluntários, já que o observatório não possuía qualquer financiamento para o programa.

Jerry Ehman, um professor da Universidade do estado de Ohio, se responsabilizava por esse trabalho. Alguns dias após o 15 de agosto, sem expectativa de encontrar qualquer coisa fora do comum, ele começou sua inspeção rotineira das impressões. Enquanto examinava as pilhas de papéis referentes à noite de 15 de agosto, ficou espantado ao se deparar com a sequência de números e caracteres 6EQUJ5 em uma impressão. Ela representava uma explosão de ondas de rádio, equivalente a um trovão em meio a uma peça de música tranquila. Ehman reconheceu imediatamente que se tratava de um sinal de faixa limitada, confinado a uma frequência próxima à de 1.420 megahertz. Sem pensar, escreveu "Uau!" e circulou a sequência 6EQUJ5 na página impressa. "Era a coisa mais significativa que já havíamos visto", lembra Ehman. Durante um mês após a descoberta, ele e seus colegas procuraram pelo sinal ao menos outras 50 vezes, mas não encontraram nada.

Cada caractere do código alfanumérico utilizado pelo computador do observatório representava a intensidade, em um intervalo de 12 segundos, de um sinal recebido. O código 6EQUJ5 indicava que o sinal "Uau", no intervalo de 72 segundos, aumentara e diminuíra.

O fato de que o sinal tenha aumentado e diminuído no intervalo de 72 segundos é intrigante. O radiotelescópio *The Big Ear* era fixo (ele foi demolido em 1998), e a rotação diária da Terra lhe permitia captar sinais cósmicos de uma pequena porção angular do céu. A sequência 6EQUJ5 mostra que, à medida que a fonte do sinal de rádio se deslocava, sua intensidade, já que a rotação da Terra fez com que ficasse dentro da área de alcance do telescópio, aumentava, atingia um pico no centro da área de alcance, e depois desaparecia. Para o radiotelescópio, essa oscilação deveria durar 72 segundos, e foi isso que aconteceu. Se o sinal viesse de uma fonte terrestre, tomaria conta, repentinamente, do telescópio e, após algum tempo, desapareceria.

Há outra razão pela qual é pouco provável que tenha sido um sinal terrestre: transmissões de rádio na faixa de frequência próxima à de 1.420 megahertz são proibidas por um acordo internacional. Ehman e seus colegas também analisaram outras fontes que poderiam ter transmitido o sinal, tais como planetas, asteroides, estrelas, satélites, aeronaves e espaçonaves, mas todas foram descartadas.

Nesse caso, será que as evidências apontam a favor de uma fonte extraterrestre? Não exatamente. O radiotelescópio *The Big Ear* usava duas estruturas de metal em forma de funil, chamadas de "chifres", situadas lado a lado, para captar ondas de rádio focalizadas pela antena. A trajetória das ondas de rádio captadas por um "chifre" é chamada de feixe. À medida que a Terra gira, qualquer fonte de rádio cósmica seria detectada primeiramente no feixe um (por 72 segundos) e então – cerca de três minutos depois – no feixe dois (também por 72 segundos). Na impressão de Ehman, ela aparecia apenas em um dos feixes, em vez de nos dois, conforme esperado. O computador não estava programado para identificar se o sinal vinha do primeiro ou do segundo feixe. Isso soa suspeito.

Talvez os alienígenas tenham desligado seus transmissores após três minutos e saído de férias. Será que o sinal foi uma espécie de cartão postal enviado para nos dizer "queria que vocês estivessem aqui"? Ninguém sabe. Ao contrário dos astrônomos alienígenas, os astrônomos terráqueos não tiram férias.

A partir de observatórios ao redor do mundo, eles realizaram mais de cem buscas na mesma região do céu. Não há, até agora, qualquer registro de um astrônomo correndo nu pela rua gritando "Uau! Uau!".

Além disso, Ehman acredita que, mesmo que o sinal "Uau" tivesse sido um sinal extraterrestre, ele teria sido emitido muito mais do que uma vez: "Deveríamos tê-lo visto de novo quando procuramos por ele outras 50 vezes". Outros astrônomos, ao contrário dos fãs de extraterrestres, concordam.

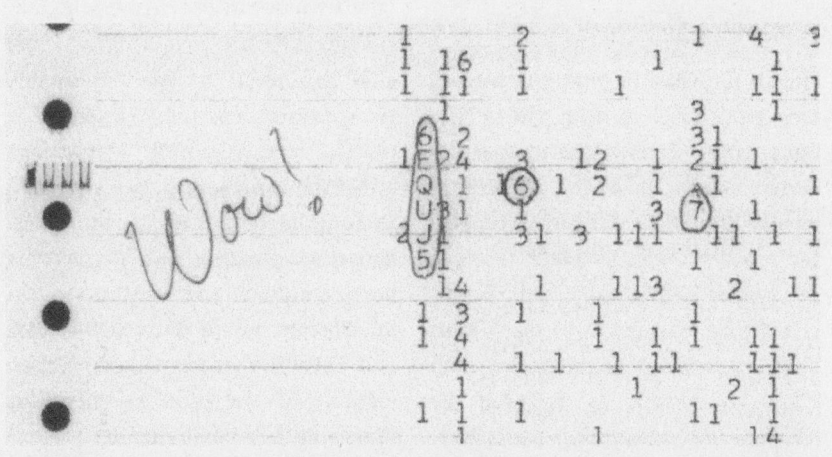

Uma parte da impressão em papel feita pelo computador mostrando o "Uau!" de Jerry Ehman e o círculo em torno da sequência 6EQUJ5 (Imagem: Jerry Ehman, Observatório Astrofísico Norte-americano, a organização que dá continuidade ao trabalho do Rádio Observatório da Universidade do estado de Ohio).

A ENERGIA DE PONTO ZERO

Ela não pode ser controlada, nem por cientistas, nem por "curandeiros espirituais"

O conceito de energia de ponto zero pertence aos tratados de mecânica quântica, não aos manuais dos praticantes de medicina alternativa ou aos defensores das máquinas de movimento perpétuo e de outros dispositivos de energia livre.

Primeiramente, uma pequena lição de física: o zero absoluto (-273,15 °C) é a temperatura na qual o movimento molecular cessa; hipoteticamente, é a temperatura mais baixa possível. Tal como ocorre com a velocidade da luz, é possível se aproximar do zero absoluto, mas não alcançá-lo, já que para alcançá-lo é preciso uma quantidade infinita de energia. Essa necessidade é imposta pelo princípio da incerteza de Heisenberg, que é o pilar da teoria quântica. O físico alemão Werner Heisenberg determinou, em 1927, que é impossível descobrir, com exatidão, a posição e o momento de uma partícula, simultaneamente. Isso significa que uma partícula não pode parar de se mover no zero absoluto; se assim o fizesse, poderíamos descobrir sua posição e seu momento de forma precisa e simultânea. No zero absoluto, uma partícula ainda precisa vibrar e, portanto, necessita de certa quantidade de energia. Essa energia é conhecida como energia de ponto zero.

Assim sendo, o conceito de energia de ponto zero, ao contrário da capacidade de controlá-la, é totalmente científico. Muitas alegações têm sido feitas de que é possível se utilizar dessa energia, mas nenhuma MÁQUINA DE MOVIMENTO PERPÉTUO (p. 153) ou de energia livre jamais se mostrou capaz de produzir um aumento líquido de energia. As leis da física que admitem a energia de ponto zero também limitam o seu comportamento. Como se diz, não existe almoço grátis, e o mesmo pode ser dito em relação à energia.

Alguns "curandeiros espirituais" alegam possuir varinhas de condão e outros dispositivos capazes de criar um campo de energia de ponto zero que possibilita ao corpo se lembrar de como era estar em contato com essa energia, o que, por sua vez, faz com que as células do corpo se reconectem à energia universal. Um *quantum* de ciência ou um *quantum* de tolice? Você decide.

A HIPÓTESE DO ZOOLÓGICO

O "Big Brother extraterrestre" está de olho em todos nós

A vida extraterrestre inteligente está por toda parte.

Sua relutância em interagir conosco pode ser explicada pela hipótese de que os extraterrestres teriam reservado nosso planeta para servir de santuário selvagem ou zoológico.

Essa é a controversa e pouco lisonjeira hipótese proposta pelo astrônomo americano John A. Ball, em 1973. A hipótese se baseia em três premissas:

Sempre que as condições forem tais que a vida possa existir e se desenvolver, ela irá se desenvolver. Ball acredita que a descoberta de vida primitiva em Marte ou em qualquer outro lugar provavelmente resolveria essa questão.

Há muitos lugares nos quais a vida pode existir. Desde que Ball propôs essa hipótese, a descoberta de planetas extrassolares sustenta essa premissa.

Nós não estamos conscientes "deles". Ball considera a terceira premissa muitíssimo significativa. Nós não estamos conscientes deles porque eles estão, deliberadamente, nos evitando, e porque reservaram nosso planeta para servir de zoológico ou santuário selvagem. Em um zoológico perfeito, os animais não interagiriam com os seus tratadores e não estariam cientes deles. "A hipótese prevê que jamais iremos encontrá-los, pois eles não querem ser encontrados e possuem capacidade tecnológica para garantir isso", afirma.

Ele admite que a hipótese é pessimista e psicologicamente desagradável: "Seria mais agradável acreditar que eles querem conversar conosco, ou que ao menos gostariam, caso soubessem que estamos aqui".

Em um comentário sobre a hipótese do zoológico, feito em 1980, Ball sugere que a civilização número um é a que exercita o controle e impõe as regras: "Talvez eles nos mantenham separados dos nossos vizinhos para evitar uma interação desfavorável ou desastrosa". Ou talvez estejam esperando o momento certo de nos convidar para fazer parte do Clube Galáctico.

O astrofísico alemão Peter Ulmschneider também defende a hipótese do zoológico. Ele disse, em 2003: "Embora, à primeira vista, a ideia pareça um tanto quanto extravagante, após um exame mais detalhado ela faz bastante sentido". Ele sugere que a nossa história sofreria mudanças ainda mais drásticas e fundamentais do que a história dos nativos americanos – aniquilados quando Colombo e Cortez desembarcaram no continente – se entrássemos em contato com uma civilização extraterrestre avançada. "Seria uma catástrofe, um choque cultural, e, basicamente, um ato irresponsável por parte dos ETs", alerta.

Ulmschneider, no entanto, acredita que uma civilização capaz de atos tão irresponsáveis como a civilização humana tem sido ao longo da sua história, não sobreviveria milhares, milhões ou bilhões de anos sem se tornar vítima dos perigos que tal comportamento acarreta. Sua conclusão é a seguinte: se civilizações extraterrestres altamente avançadas existem, é porque elas aprenderam a agir de forma responsável. Isso significa que "sob nenhuma circunstância irão nos perturbar ou nos contatar, nem irão permitir que consigamos rastreá-las por meio de ondas de rádio, artefatos, ou contato direto".

Isso elimina a possibilidade de enviarem discos voadores para verificar se está tudo bem conosco, o que é uma ideia desanimadora para os fãs de óvnis. Talvez haja uma placa em algum lugar ao longo do perímetro do Sistema Solar alertando todos os intrusos: "Santuário Selvagem: Não Entre". Os fãs de óvnis podem encontrar consolo na possibilidade de que alguns ETs jovens e atrevidos, vez ou outra, ignorem esse aviso e sobrevoem nossos céus protegidos com seus carrinhos espaciais.

Ulmschneider não é tão pessimista quanto ao futuro da raça humana. Ele acredita que, um dia, teremos o conhecimento necessário para descobrir sociedades extraterrestres inteligentes na nossa própria galáxia e em outras galáxias, mas a possibilidade de, algum dia, interagirmos diretamente com eles é muito desanimadora. Ele tem esperança de que, até lá, a ideia básica por trás da hipótese do zoológico – a de agir de forma responsável – se tornará o princípio orientador do nosso próprio comportamento. Moral da história: quando, enfim, escaparmos do nosso zoológico, é provável que nos tornemos tratadores de outros zoológicos.

Índice remissivo

A

Abdução alienígena 15, 16, 134
    Ver também **Experiências de quase morte; Experiências extracorpóreas**
Adelson, Lester 186
água anômala 165
Água polimerizada 165
análise da caligrafia 93
angiospermas 67, 68
antigos astronautas, Os 22, 23
antimatéria 77, 78, 79, 128
apocalipse, O 26, 27, 163
    Ver também **asteroides assassinos, Os; inversão geométrica e o deslocamento polar, A; planeta Nibiru, O**
Applegate, George 69
aquecimento global 48, 49
Aristóteles 88, 89, 90, 112, 149
Armagedon 26,27
Arquimedes 28, 29, 188
Arrhenius, Svante 147
Asimov, Isaac 127
asteroides 26, 108, 109, 159, 220
asteroides assassinos, Os 108
    Ver também **evento de Tunguska, O; inversão geomagnética e o deslocamento polar, A; planeta Nibiru, O**
Astrologia 30, 31, 32, 70, 140
aterrissagem da Apollo 11 na Lua 129
aurora boreal 96, 191

B

Ball, John A. 100, 223
bastonetes alienígenas, Os 25
bastonetes, alienígena 25
Bauval, Robert 142, 143
Berlitz, Charles 35
    O Triângulo das Bermudas 35, 36
    Sem deixar vestígios 36
Bhagavad Gita 175
    escrituras hindus 27
Bhaskara 153
Bíblia judáica 37
Big Bang 204
    Ver também **design** inteligente
Biorritmos 41, 42
Blackmore, Susan 124, 125
Blondlot, René 139
Bode, Johann 43
bola de fogo, floresta de Tunguska 209, 210, 211
borrões de tinta 176, 177
Boyle, Robert 89
    O químico cético 89
Brahe, Tycho 92
Brazel, Max 214
Brown, Dan 82
Buller, David J. 80, 81
buraco na cabeça 207, 208
buracos de minhoca, Os 217, 218

C

cálcio em cascas de ovos 39
calculadoras biorrítmicas 45
calendário maia, O 122, 159
    Ver também **apocalipse, O; asteroides assassinos, Os; inversão geomagnética e o deslocamento polar, A; planeta Nibiru, O**
calombos na cabeça 155
Calvin, John 91
campos eletromagnéticos e a saúde, Os 74
câncer 69, 75, 76, 117, 173
    dinossauros 67, 68, 109, 116
Capra, Fritjof 174, 175
    O tao da física 175

Capron, J. Rand 60
cara e coroa 169
caso Roswell 213, 214
cataclismo celeste 26
cerco 28
cérebro 17, 54, 55, 56, 83, 124, 125, 132, 134, 135, 136, 143, 145, 156, 182, 198, 207, 208, 213
    "filmes" da atividade neurológica 54
    recursos não utilizados 198
Ceres 44, 162
ceticismo climático, O 48
Chalmers, David J. 55, 56
Chopra, Deepak 172, 173
chuva alienígena, A 18, 19
chuva vermelha 18, 19
ciclo das manchas solares 49
ciência e pseudociência 11
ciência revolucionária 149
círculos em plantações, Os 59, 60
Clarke, Arthur C. 100
Clausius, Rudolf 203, 204
código bíblico, O 37
código de Dresden 122, 123
Coleridge, Gilbert 170
Colisões cósmicas 57
Collar, Juan 68
Colombo, Cristóvão 86, 224
combustão humana espontânea, A 186, 187
combustíveis fósseis 13
computação quântica 196
consciência 54, 55, 56, 86, 115, 144, 145, 172, 173, 174, 175, 192, 207, 208
controvérsia em torno do rosto de Marte 84, 85
Copérnico 24, 31, 52, 90. 161, 169
    De Revolutionibus Orbium Coelestium 90
criacionismo científico 103
criacionismo/*design* inteligente 104
Crick, Francis 54, 55
criptídeos 62
Criptozoologia 20, 21, 62
    Ver também **"bastonetes" alienígenas, Os**
cristais de quartzo 63
Cristaloterapia 63

cura quântica, A 172
curandeiros espirituais 222

D

Darwin, Charles 80, 103
    A descendência do homem 103
    A origem das espécies 80, 103
de Buffon, George Louis LeClerc 29
Dennett, Daniel C. 56
Descartes, René 145
design **inteligente, O** 102, 198
Deus, prova da existência 45
Dia do Julgamento 26
Dickens, Charles 186
    A casa soturna 186
dióxido de carbono 49, 50, 147
Dirac, Paul 77
DNA 19, 54, 55, 74, 105, 125, 182
    descoberta da estrutura 54
    falta de 19
Dobzhansky, Theodosius 104
dores lombares 46, 47
Drake, Frank 71, 72, 101, 102
Drosnin, Michael 37
    O código da Bíblia 37, 38
DuHamel, Bob 20, 21
Dyson, Freeman 13
    A biosfera profunda e quente: O mito dos combustíveis fósseis 13

E

Edison, Thomas A. 120
EEG 64
efeito nocebo, O 137
    Ver também **efeito placebo, O**
efeito piezelétrico 63, 64
efeito placebo, O 135, 136, 137, 138
    Ver também **efeito nocebo, O**
Ehman, Jerry 219, 220, 221
Einstein, Albert 52, 77, 164, 168, 174, 195, 206, 217
eletroencefalograma (EEG) 64
emaranhamento quântico 83, 195, 196, 197
Empédocles 88
Energia a partir de antimatéria 77
    Ver também **matéria "espelho", A**

energia de ponto zero, A 222
energia negativa 217, 218
energia plasmática 111
Ennis, Madeleine 99
entropia 203, 204
épocas da evolução 181, 182
equação de Drake, A 71, 72, 73
  Ver também **Extraterrestres inteligentes**
Éris 160, 162
erupções solares 49, 162
Escamilla, José 20, 21
escrituras hindus 27
  quatro ciclos de eras 27
espelhos no cerco de Siracusa 28
estrela de Belém, A 189, 190, 191
Estrela do Cão 183
etileno 66
Euler, Leonhard 45, 96
evento de Tunguska, O 202, 209
evolução 52, 53, 80, 81, 102, 103, 104, 105, 113, 124, 125, 149, 181, 183, 194, 198
  design inteligente 102, 104, 105
  épocas de Kurzweil 182, 183
  por imitação 124, 125
Experiências de quase morte 133, 134, 135
  Ver também **Abdução alienígena; Experiências extracorpóreas**
Experiências extracorpóreas 144, 145
Extraterrestres inteligentes 101, 212, 224
  Ver também **antigos astronautas, Os; equação de Drake, A; hipótese do zoológico, A; nano-robôs, Os; sinal "uau", O**
extremófilos 14

F

farsa da Lua, A 129
Fedyakin, N. N. 165
Fermi, Enrico 39, 100
Feynman, Richard 172
Fielding, Amanda 207
fissão e fusão nuclear 51
Flanagan, Patrick 171
Fleischmann, Martin 51
Fliess, Wilhelm 41

força eletromagnética 31
Fort, Charles 195
fotografia Kirlian, A 111, 112
fótons 74, 75, 151, 173, 194, 195, 196
fragmentos cósmicos 148
Frenologia 46, 155, 156
Freud, Sigmund 41, 80, 192
Fusão a frio 40, 51
fusão nuclear em frasco de vidro 51

G

Gall, Frenz 155
Gardner, Marshall B. 11, 96, 97, 189, 191
  Manias e crendices em nome da ciência 11
Gauss, Carl Friedrich 119
Geller, Uri 168
Geocentrismo 90, 91, 92
  Ver também **terra plana, A**
Gilbert, William 153, 170
  De Magnete 153
giletes 170, 171
Gott, J. Richard 217
gráfico biorrítmico 42
Grafologia 93, 94
  Ver também **Astrologia; Frenologia; Quiromancia**
Grande Muralha da China, A 95
gravidade 24, 25, 30 31, 83, 126, 131, 152, 164, 205, 217

H

Hahnemann, Samuel 98
Hallam, Anthony 67
Halley, Edmund 96
Halliburton, Richard 95
Hapgood, Charles 164
  A Rota do Polo 164
Hawking, Stephen 25, 174, 206
Heisenberg, Werner 222
Heráclito 203
Herschel, Sir John 129, 130
Herschel, William 43, 44
Heuvelmans, Bernard 62
Hill, Betty e Barney 16
Hipócrates 46, 88, 207
hipótese do Papai Noel 212, 213
hipótese do zoológico, A 223, 224

Hoagland, Richard C. 84, 85
  Monumentos de Marte: Uma cidade à beira do infinito 84
homem da aurora de Dawson 157
homem de Piltdown, O 157
Homeopatia 98, 99
Hoyle, Fred 19, 147, 148

I

iéti 162
imagem do tempo como um rio 203
inconsciente coletivo 192
inversão geomagnética e o deslocamento polar, A 163
ionização 74

J

Jahn, Dr. Robert G. 168, 169
Jennison, R. C. 133
Jung, Carl 192, 193

K

Kepler, Johannes 189, 190
Kervran, Louis 39, 40
Kirlian, Semyon Davidovich 111, 112
klecksografia 176
Koch, Christof 54, 55
Krook 186
Kuhn, Thomas 149, 150
  A estrutura das revoluções científicas 149
Kulik, Leonid 210
Kumar, Santhosh 18
Kurzweil, Ray 181, 182, 183
  A singularidade está próxima: quando os seres humanos transcendem a biologia 181

L

lapso freudiano 167
lei de Bode, A 43, 44, 45
Lennon, John 207
linhas de transmissão 75
litro, O 113
Louis, Godfrey 18

Lowell, Percival 161
Luther, Martin 38

M

magnetismo 127, 170
magnetismo animal 126, 127
magnetoencefalografia 54, 198
Magnetoterapia 117, 118
  Ver também **efeito placebo, O; mesmerismo, O**
manipulação da espinha 46
máquinas de movimento perpétuo, As 153, 154, 222
Marcelo, Cláudio 22
Marconi, Guglielmo 120
Marryat, Frederick 186
  O Fiel Jacob 186
matéria "espelho", A 128
  Ver também **Energia a partir de antimatéria; máquinas de movimento perpétuo, As**
McCartney, Paul 207
McKay, Brendan 38
McLean, Dewey 68
McMillan, Edwin 39
mecânica quântica 52, 83, 107, 169, 172, 174, 175, 192, 222
Melosh, H. Jay 148
memes, Os 124, 125
Mendeleev, Dmitri 89
Mesmer, Franz 117, 126, 127
mesmerismo, O 126
método de descoberta científica 11
micro-ondas 60, 64, 75, 151
Miller, Kenneth 228
mistério de Órion, O 142
mistério de Sírius, O 142
  Ver também **antigos astronautas, Os; mistério de Órion, O**
misticismo quântico, O 174, 175
  Ver também **cura quântica, A**
mito da Lua, Grande Muralha da China
mito dos 10% do cérebro, O 198
mitologia Dogon 183, 184
Mlodinow, Leonard 25
modelos computadorizados 50
Moerman, Daniel 137

monstro do lago Ness, O 115, 116
   Ver também **Criptozoologia**
Morris, Henry M. 103
Morrison, David 58, 159, 160
morte 28, 29, 39, 67, 68, 75, 91, 113, 133, 134, 137, 144, 146, 167, 187, 200, 201, 202, 204, 208, 211
movimento planetário 30, 31
mudanças climática 48, 160
mudanças de paradigma 149, 150

N

nano-robôs, Os 131
   Ver também **Extraterrestres inteligentes**
navalha de Ockham 12
neutrinos 68
Numerologia 140, 141
números 39, 43, 140, 153, 220
   sistema decimal 114
   superstição 140

O

ogopogo 62
Olshansky, Brian 138
ondas alpha 64
ondas beta 64
ondas cerebrais 64
ondas de rádio 73, 74, 101, 220, 221, 224
ondas delta 64
ondas theta 64
oráculo de Delfos, O 65
órgão da amatividade 155
origem abiogênica do petróleo, A 13
Os dinossauros 67, 68, 69
óvnis, Os 20, 212, 213

P

Painel Intergovernamental sobre Mudança Climática (PIMC) 48
Palin, Sarah 146
Palmer, Daniel David 46
panfleto xilográfico do "Demônio-Ceifador" 61
Panspermia 147, 148

Paradigma 149, 150
paradoxo de Fermi 100
paralisia do sono 17
paranormal 82, 83, 112, 168, 193
Pauling, Linus 215
   A vitamina C e o resfriado comum 215
Peary, Robert 201, 202
pé-grande 62
Percepção extrassensorial 17, 82, 83
   Ver também **teletransporte, O**
percepção sensorial 82
PES 82
pi 188
Pigliucci, Massimo 125
pílulas de placebo 137
pirâmides de Gizé 142
Pitágoras 86, 119, 120, 140
pitonisa 65
planalto de Nazca, Peru 23
planeta Nibiru, O 159, 160
   Ver também **apocalipse, O**
planeta X, O 161, 162
planetas anões 162
plantas floríferas 67
Plutão 159, 160, 161
Plutarco 65, 66
poder das pirâmides, O 170, 172
polos magnéticos 163
Poltkin, Henry 125
Pons, Stanley 51
prece a distância 106
prece intercessória, A 106
precessão 30
prêmio IgNobel 40
princípio antrópico, O 24, 25
   Ver também **Universos paralelos**
princípio copernicano 24
princípio da incerteza 195, 222
probabilidade 32, 50, 78, 109, 110, 169, 174, 192, 215
profecias sobre o fim do mundo, 26
pseudociência 11, 12, 45, 167, 189
psicanálise, A 167
psicologia evolucionista, A 80, 81
Ptolomeu, Cláudio 59, 86, 90, 91
pulseiras de cobre 118

Q

quadratura do círculo, A 188
quatro elementos, Os 88, 89
quatro humores 88
quiromancia 146
Quiromancia 146
Quiropraxia 46

R

Radiestesia 69
radiestesistas que trabalham com mapas 69
Rabin, Yitzhak 37
radiação 49, 55, 74, 77, 139, 148, 151, 172, 173, 174
radiotelescópio *The Big Ear* 219, 220
raio da morte de Arquimedes, O 28, 29
   Ver também **quadratura do círculo, A; raios da morte de Tesla, Os**
raios cósmicos 49, 163
raios da morte 28, 29, 200
   de Arquimedes 28, 29
   de Tesla 200
raios da morte de Tesla, Os 200
   Ver também **raio da morte de Arquimedes, O**
raios-N, Os 139
Randi, James 112
relâmpago globular, O 33, 34
relatividade do tempo 206
relógio biológico 41, 42
relógio circadiano 42
ressonância magnética funcional 54
reversão do tempo, A 203
rosto sobre a superfície de Marte, O 84, 85

S

Sagan, Carl 31, 72, 95, 100
   Pálido ponto azul: Uma visão do futuro da humanidade no espaço 95
Schiaparelli, Giovanni 84
Scopes, John 102
Seaborg, Glen T. 39
senso comum e a ciência, O 52
SETI (sigla em inglês para "busca por inteligência extraterrestre") 71
sexta-feira 13 140, 141
SI (Sistema Internacional) 113
Siculus, Diodorus 28
signos astrológicos 32
sinal "uau", O 219, 220, 221
sincronicidade, A 192, 193
Singularidade, A 181, 182
sistema dos números decimais 153
sistema métrico 113, 114
Sitchin, Zecharia 159, 160
   O décimo segundo planeta 159
Smalley, Richard 131
snarks 62
subluxação vertebral 46
Sudário de Turim, O 179, 180
superstição dos números 140

T

tabela dos planetas 44
tabela periódica 89
Tales 88
táquions, Os 194
Tarter, Jill 72
telecinesia, A 168, 169
   Ver também **Percepção extrassensorial**
telefones celulares 74, 75, 76
teletransporte quântico 173, 196
teletransporte, O 195
Temple, Robert 142, 184, 185
   O mistério de Sírius: Nova evidência científica de contato alienígena ocorrido há 5 mil anos 183
templo de Apolo 65
teoria da infertilidade, dinossauros 68
teoria do asteroide 210
teoria sobre cascas de ovos de galinha 40
teorias
   probabilidade 169
   relatividade geral 205
   relatividade especial 205
teorias da relatividade
   especial 205
   geral 205
teorias sobre a explosão de Tunguska 209
terapia holística 172
termodinâmica 154, 203
Terra 12, 14, 18, 19, 22, 26, 30, 31, 43, 44, 49, 52, 57, 67, 71, 73, 78, 82, 84, 86, 90, 91,

92, 95, 96, 100, 103, 110, 120, 142, 147, 153, 159, 161, 163, 170, 181, 183, 195, 205, 206, 210, 220, 221
campo magnético 54, 162, 163, 164
    colisões cósmicas 57
    início da vida 14
    Ver também **terra oca, A**
terra oca, A 96
    Ver também **terra plana, A**
terra plana, A 86
    Ver também **terra oca, A**
Tesla, Nikola 200
teste dos borrões de Rorschach, O 176
tigre-da-tasmânia 62
tilacino 62
Titius, Johann 43, 44
tomografia por emissão de pósitrons 54, 198
Torá 37, 38
transmutação biológica, A 39
transmutação de elementos 39
trepanação, A 207, 208
Triângulo das Bermudas, O 35, 36
Tychonian Society 92

U

Ulmschneider, Peter 224
Último Dia, O 26, 27
universo plano 151
Universos paralelos 151
Urano 43, 44, 159, 161

V

van der Kamp, Walter 91
vapor d'água 49, 50, 165
Vauquelin, Louis Nicolas 39
Velikovsky, Immanuel 57, 58, 160
    Mundos em colisão 57
velocidade da luz 77, 182, 194, 203, 205, 222
Vênus 44, 57, 96, 122, 161, 165, 183, 189
Viagem no tempo 205, 206
vida
    blocos de vida química 19
    na Terra 14, 19
Vida em Marte 119
    Ver também **círculos em plantações, Os**
vida extraterrestre inteligente 71, 223

vitamina C, A 215, 216
von Daniken, Erich 22, 23, 160
    Carruagens dos deuses? 22
von Lindemann, Ferdinand 188

W

Watson, James 54
Whewell, William 101
Wickramasinghe, Chandra 147, 148
Wood, Robert W. 139

Z

zero absoluto 151, 222
Ziman, John 53
    O homem e a ciência 53

Este livro foi composto com tipografia Minion Pro e impresso
em papel Pólen Bold 70 g/m² na Gráfica EGB.